特別掲載

第二部 才能の正体

「頑張って練習する」と競技能力は向上しない！

相川 宗大 著

井田総合研究所

第一部

「頑張って練習する」と競技能力は向上しない！

プロローグ

　日本のスポーツ界では頑張って練習すると、結果はともあれ評価されます。
　『あいつはいつも頑張って練習しているから、競技能力は大して高くないが試合に出してやろう！』
　このように言って選手としての能力は大して高くないが一生懸命頑張って練習する選手をレギュラーにする指導者が結構います。
　逆に能力が高くてもあまり練習しない選手は『あいつは他の選手の手本にならない！』と言って試合に出さない指導者がいます。
　頑張って練習しない選手より頑張って練習する選手を使いたくなる気持ちは分かりますが、はたして頑張って練習すると競技能力は向上するのでしょうか？
　筆者は選手の競技能力を向上させることを仕事としている運動指導者で、これまでに様々な競技のたくさんのアスリートを指導してきました。
　その中で頑張って練習した場合とあまり頑張らずに練習した場合とでどちらの方が選手の能力が高くなるかを比較したことがありますが、意外にも頑張って練習した場合よりもあまり頑張らずに練習した場合の方が競技能力が高くなる傾向がありました。
　頑張って練習すると多くの指導者は『よくやった！』とほめてくれますが、体はその行為をほめてくれるどころか拒絶し受け入れてはくれません。
　頑張って練習する行為に対して体は『この人は危険なことをする人だから、怪我をしないように動きに（プレイに）制御をかけなければならない！』と判断し、本人の意思に反して発揮出来る能力を低くコントロールしてしまいます。
　（たいていの選手は能力が低くなると、もっと頑張って練習しますが、そうなると体は更に強い制御をかけて能力は更に低くなります。）
　スポーツを教育ととらえている指導者にこのようなことを言うと怒られてしまいそうですが、強度的にも量的にも「頑張らずに練習する」ことが競技能力を向上させる秘訣だと言えます。

これ以外でもスポーツ界では一般的に行われているが競技能力を向上させる上ではやらない方がいいことや、逆にスポーツ界ではほとんど行われていないが競技能力を向上させる為にはやった方がいいことがいくつかあります。

　筆者は本書で競技能力を向上させる秘訣をまとめてみましたので、自己満足の為に練習を行っているのではなく、競技能力を向上させる為に練習を行っている選手の方は是非読んでみて下さい。

　選手の競技能力をしっかり向上させたいと考えている運動指導者の方や体のしくみに興味を持たれている方も本書を是非読んでみて下さい。

目　次

プロローグ ……………………………………………………………………… 3

第1章　一生懸命頑張って練習すると競技能力は向上しない！ ……… 9

1項　全力で練習しないと能力が向上しないと考えている選手や指導者 ……… 9

コラム①
『死に物狂いで練習を行い、限界に達したら更に頑張って限界を超えてみせます！』と言っている選手を時々みかけますが、・・・！ ……… 12

2項　選手にたくさん練習させないと不安になる指導者 ……… 13

コラム②
日本のスポーツ選手のほとんどがオーバーワークに陥っている！ ……… 14

3項　人の体は能力向上よりも種族存続を優先する ……… 16

コラム③
多くの人が『頑張って（全力でたくさん）練習すれば、レベルアップ出来る』と勘違いしていますが、・・・！ ……… 16

4項　余裕が無いプレイからはリズムは生まれない ……… 17

5項　リズム練習やリズムトレーニングで習得したリズム（感）は競技では役に立たない ……… 18

コラム④
リズムを自然には生むことが出来ず、反復練習により丸覚えする日本のダンサー ……… 19

6項　頑張る練習をどうしても組み込む場合 ……… 20

コーヒータイム1
スポーツはアメリカ人にとっては遊びで日本人にとっては修業！ ……… 22

コーヒータイム2

あまり練習しないから高いパフォーマンスを発揮する
　　　ことが出来る！ ……………………………………………………… 22
　　コーヒータイム３
　　　減量を行う時や筋力トレーニングを行う時も自己防衛
　　　本能による制御がかかる！ ……………………………………… 23

第２章　基本を習得するとダメになる！ ……………… 29
　１項　基本の習得こそが選手の能力の向上を制限している最
　　　大の要因！ ……………………………………………………… 29
　２項　人の体は何も意識しないで動いたら（プレイしたら）、
　　　自然に合理的な動きを選択する！ ………………………………… 30
　コラム⑤
　　　バットを肩に担いで構えたら高打率を誇ったが、監督
　　　から構え方を変えるよう言われた！ ……………………………… 30
　コラム⑥
　　　両足を大きく開いて腰を低く落として構えると、・・
　　　・・・！ ……………………………………………………………… 32
　３項　基本は習得しないで、何も意識しないでプレイするの
　　　がベスト！ ……………………………………………………… 34
　コーヒータイム４
　　　メジャーリーグの野球選手のほとんどが日本で指導さ
　　　れている基本とは異なる動きを・・・！ ………………………… 35

第３章　積み上げ式の練習は自己満足！ ……………… 36
　１項　積み上げ式の練習を行うとしっかり練習した気になる … 36
　２項　積み上げ式の練習では合理的な動きが選択されない … 36
　コラム⑦
　　　流れるようにプレイすることが出来ない日本のスポー
　　　ツ選手 …………………………………………………………… 41
　コーヒータイム５
　　　日本では勉強でも積み上げ式が行われる ………………… 42

第4章 反復練習を繰り返し行い、動きを覚えることが向上ではない! 44

- 1項 同じ動きを何回も反復して行い、動きを丸覚えようとする選手たち 44
- 2項 丸覚えした動きを繰り返すだけでは応用が利かなくなる! 45
- 3項 同じ動き（連続動作）は極力行わないで練習する 46

第5章 動作改善やフォーム作りを行うとダメになる! 48

- 1項 バイオメカニクスを使って、動作改善を行う人が増えてきているが! 48
- 2項 発揮することが出来るパフォーマンスの高さは動きによって決まることはない! 48

第6章 練習やトレーニングは強化のために行うのではなく、試合に向けた調整のために行い、試合で能力を向上させる! 51

- 1項 シーズン中でも強化目的で練習を行う日本のスポーツチーム! 51
- 2項 シーズン中は練習やトレーニングは強化の目的では行わず、試合に向けた調整の目的で行うのがベスト 51
- **コラム⑧** トップ選手のトレーニングシーン 53
- **コラム⑨** 練習でがんばると試合で動けない 54

第7章 余計な練習やトレーニングは行わない 56

- 1項 条件付きゲームなど実戦とは異なる練習が好きな日本の指導者 56
- 2項 実際の試合とは異なる条件での練習（練習試合）はマ

　　　　イナスにしか働かない！ ································· 56
　3項　筋力トレーニングにより競技能力が向上するのは重心
　　　　の位置が悪い選手だけ！ ································ 57
　　　　コラム⑩
　　　　重心の位置が最適ではない人に限って、筋力トレーニ
　　　　ングによりパフォーマンスがわずかに向上する！ ········ 58
　　　　コーヒータイム 6
　　　　誰も調査しないトレーニングが競技能力に与える影響
　　　　（効果）！ ··· 59

第8章　感性で動く ·· 61
　1項　動きの調整は感覚で行われる ····················· 61
　2項　感性（感覚）で調整されても最適な調整が行われなけ
　　　　れば、高いパフォーマンスを発揮することは出来ない ········ 62
　　　　コラム⑪
　　　　感性が低い選手はたくさん練習しないと、きちんとプ
　　　　レイすることが出来ない！ ······························ 63
　3項　考えない ··· 64
　4項　感じない ··· 65
　　　　コーヒータイム 7
　　　　考え過ぎたり感じ過ぎたりする選手は本番に弱い！ ········ 66
　　　　コーヒータイム 8
　　　　運動指導者（コーチやトレーナー）と選手は両立出来
　　　　ない！ ·· 67

　語　　注 ··· 115

第 1 章 「一生懸命頑張って練習する」と競技能力は向上しない！

1 項　全力で練習しないと能力が向上しないと考えている選手や指導者

　日本ではほとんどの選手や指導者が頑張って全力で練習しないと、競技能力を向上させることが出来ないと考えています。

　野球の選手は守備練習で歯を食いしばり死に物狂いでボールを追いかけます。

　サッカー選手は紅白戦で頑張ってがむしゃらに動き回ります。

　はたして頑張って全力で練習しないと競技能力を向上させることが出来ないのでしょうか？

　答えは NO だと思います。

　頑張って全力で練習すると、競技能力は向上するどころか逆に低くなってしまうと筆者は考えています。

　なぜ頑張って全力で練習すると競技能力は向上するどころか低くなってしまうのでしょうか？

　それは頑張って全力で練習すると、体が動きに**制御**[※1]をかけてしまうからです。

　これは練習だけではなく試合でもそうですが頑張って全力でプレイする（動く）と、体はその行為を危険であると判断します。

　体は行われている行為が危険であると判断すると、本人の意思に反して、（怪我をしないように）動きに制御をかけてしまいます。

　この制御を筆者は**自己防衛本能による制御**[※2]と呼んでいますが、この制御がかかると高いパフォーマンスを発揮したいという本人の意思に反して発揮されるパフォーマンスは低めに抑えられてしまいます。

　私はサッカーやバスケットボールなどの球技の選手数人に試合で 100% の力を出し切らずに、80〜90% 位の力で少し余力を残してプレイしてもらったことがあります。

（本気度は本人の感覚により設定されるのでとてもあいまいではありますが、彼らは少なくとも本気ではプレイしていなかったと思います。）
　試合後に選手にプレイの感想を聞くと、意外にも悪い回答は返ってきませんでした。
　いやむしろ、いい回答がほとんどでした。
　『スピードが落ちるかと思ったが、プレイしたら意外にもスピードは100%の時と変わらなかった。』
　『ボディバランスが100%の時よりもいいので、その分精度が高いプレイを行うことが出来たし、周りを見ながらプレイする余裕があり最適な判断を行うことが出来た。』
　『総合的に考えると、80~90%の本気度でプレイした時の方が100%の本気度でプレイした時よりもいい感じだった。』
　このような感想を選手が言っていましたが、選手の感想だけでなく筆者の目から見ても、全力でプレイした時より少し余力を残して80~90%位の本気度でプレイした時の方が全ての選手がよかったと思います。
　では球技ではなく単純な動作を繰り返すスプリント（短距離走）の場合はどうでしょうか？
　筆者は数人のアスリートに様々な本気度で20mや50mの距離を走ってもらったことがあります。
　70%、80%、90%、100%と言う感じで。
　どの本気度の時が速かったのでしょうか？
　『短距離走の場合は100%の本気度が一番速いに決まっている』このような声が聞こえてきそうですが、多くの選手が90%位の本気度で走った時のタイムが一番速かったです。
　（読者の皆様も機会があれば、試してみてください。）

20mを70%～100%の本気度で走った例

	70%の本気度		80%の本気度		90%の本気度		100%の本気度		走行条件
Aさん	タイム(秒)	歩数	タイム(秒)	歩数	タイム(秒)	歩数	タイム(秒)	歩数	タータン、無風、スパイク
	2.90	12.0	2.86	12.5	**2.80**	**12.5**	2.83	12.5	
Bさん	タイム(秒)	歩数	タイム(秒)	歩数	タイム(秒)	歩数	タイム(秒)	歩数	タータン、無風、スパイク
	2.83	11.3	2.87	11.3	**2.76**	**11.4**	2.80	11.5	
Cさん	タイム(秒)	歩数	タイム(秒)	歩数	タイム(秒)	歩数	タイム(秒)	歩数	タータン、無風、運動靴
	2.87	12.5	2.80	12.8	**2.76**	**12.9**	2.80	12.9	

★走行タイムはリアクションタイム（ピストルが鳴ってから両足が離地するまでのタイム）を含まない、両足が離地してから（地面やタータンから離れてから）体幹がゴールマーカーの間に入るまでのタイムです。リアクションタイムと走行タイムを合わせたタイムは当然上記表の走行タイムよりも遅くなります。

（スプリントタイムを計測する場合はリアクションタイムと走行タイムを合わせたタイムを計測するのが一般的ですが、この計測方法だとタイムが速くなってもスタート時の反応がよくなったのか走り自体が速くなったのかが分からない為、筆者はリアクションタイム無しでの計測を行っています。）

★走行タイムはスプリントをデジタルビデオカメラで撮影し、百分の一秒単位のカウンターがついた動画ソフトで再生して出した機械計測でのタイムです。

（ストップウォッチでタイムを計測すると誤差が出て正確なタイムを把握できないので、この計測方法を採用しています。）

高いパフォーマンスを発揮しようと思えば、全力でプレイしてはいけないのです。
　それは練習でも試合でも同じです。
　頑張って（全力で）プレイすることにより自己満足したいなら話は別ですが、純粋に競技能力を向上させようと思うなら、80%からせいぜい90%位の本気度で少し余力を残してプレイすべきだと思います。
　★100%の本気度でプレイすると、力んでしまいます。力んでしまうと、**筋肉が収縮した状態**[※3]から動き始めなければ（プレイを開始しなければ）ならなくなります。筋肉が収縮した状態から動き始めなければならないと、その分動く（プレイする）為に**収縮させることが出来る筋肉の可動域**[※4]が狭くなります。プレイで使うことが出来る筋肉の可動域が狭くなると、動きが小さくなり発揮することが出来るパフォーマンスが低くなります。その点からも全力でプレイすべきではないと思います。

コラム：1

『死に物狂いで練習を行い、限界に達したら更に頑張って限界を超えてみせます！』
と言っている選手を時々みかけますが、・・・！

　『死に物狂いで練習を行い、限界に達したら更に頑張って限界を超えてみせます！』と言っている選手を時々みかけます。
　しかしこのような練習のやり方では制御がより低いレベルでかかってしまい、超えようとしている限界自体が低くなってしまいます。
　いくら本人が限界を超えたと思っていても超えた限界が低くなっていれば、能力の向上はなくただの自己満足で終わると思います。

☑ **秘訣1**
　頑張って全力で練習（プレイ）せず、本気度を少しだけ下げて余力を残して練習（プレイ）することが競技能力を向上させる秘訣だと言えます。

2項　選手にたくさん練習させないと
　　　不安になる指導者

　練習の本気度（強度）の設定に関してはご理解頂けたことだと思いますが、練習の量に関してはどうしたらいいのでしょうか？
　日本ではほとんどの指導者が選手に（ライバルよりも）たくさんの練習を行わせることにより（ライバルに対して）**アドバンテージ**※5 を得ようとします。
　ライバルチームの選手が（1日）2時間練習しているなら、自分のチームの選手には（1日）3時間練習させようとする指導者がたくさんいます。
　この話を聞いてライバルチームの選手が練習時間を(1日)4時間に増やすと、このような指導者は今度は自分のチームの選手には練習を（1日）5時間行わせようとします。
　このような指導者は選手の能力を向上させる方法が分からない為（多くの指導者が練習量を増やしたり本気度を挙げて練習する以外には能力を向上させる方法を知りません。というか練習量を増やしたり本気度を挙げても能力は向上しませんが）、選手にたくさんの練習を行わせていないと不安になるのだと思いますが、練習の本気度（強度）を挙げる行為だけではなく、練習量を増やす行為に対しても体は危険であると判断します。
　そうなると、体は本人の意思に反して動きに制御をかけてしまいます。
　動きに制御がかかると発揮することが出来るパフォーマンスは低めにコントロールされてしまいます。
　高いパフォーマンスを発揮しようと思えば、練習量は少なめにする必要があると思います。

★練習を長時間行うと疲労を回復させることが出来なくなり**オーバーワーク**※6 になりやすくなります。オーバーワークになれば当然高いパフォーマンスを発揮することは出来ません。この点からも練習量は多くすべきではありません。
（日本のスポーツ選手のほとんどが頑張って練習してはオーバーワークに陥っているように思いますが、自分がオーバーワークに陥っていることに気が付いている選手はほとんどいないと思います。）

☑ **秘訣 2**
　　練習量を少なめにすることも競技能力を向上させる秘訣だと言えます。

コラム：2

日本のスポーツ選手のほとんどがオーバーワークに陥っている！

　日本のスポーツ界では練習を毎日行うのが当たり前です。

　部活の選手から実業団チームやプロチームに所属する選手までほとんどの選手が毎日練習しています。

　しかも練習の本気度は低くないと思います。

　みな毎日本気で練習しています。

　1回辺りの練習量も少なくないと思います。

　1日2時間位練習するのは当たり前ですし、中には1日3~4時間フルに練習する選手もいると思います。

　日本のスポーツ界では本気の練習を長時間毎日行うのが当たり前となっておりますが、このような練習のやり方ではオーバーワークに陥り、競技能力を向上させることが出来ないと筆者は考えています。

　運動を本気で行うと、筋肉が少なからず損傷します。

　（当たり前の事です。）

　損傷した筋肉は筋肉の元（材料）になる栄養素である**蛋白質**[※7]をきちんと摂取して、48時間~72時間の休息期間を置くことにより以前よりも強く大きく回復します。

☆筋肉が以前よりも強く大きく回復する事を**超回復**[※8]と呼びますが、筋肉はこの超回復を起こすことにより発達し強くなります。また筋肉が激しく損傷してしまった場合は48時間~72時間の休息期間では回復させることが出来ず、回復させるには更に長い休息期間が必要となります。

　しかし48~72時間の休息期間をもうけず（間隔を空けず）に次の日も練習を本気で行えば、損傷した筋肉は回復することが出来なくなります。

　（**運動生理学**[※9]の入門編を勉強すれば、簡単に分かることですが、日本の運動指導者のほとんどがオーバーワークなど考えもせずに選手に本気の練習を毎日行わせて

います。)

　筋肉を回復させることが出来なくなると、高いレベルのプレイを行うことが出来なくなるので、競技能力を向上させることが出来なくなります。

　日本のスポーツ選手は疲労の回復と言う点からも練習の強度や量や頻度の設定を見直した方がいいと思います。

　以前 毎日練習を（本気で）行っている陸上部の短距離選手に**練習頻度**[※10]を2回/週に減らしてもらったことがあります。

　（月曜日と木曜日を練習日にするような感じの中2~3日空けての2回/週の頻度に変えてもらいました。）

　練習頻度を減らす以外は特別なことは行いませんでしたが、それだけでこの選手はスプリント走のタイムを短縮しました。

　『毎日本気で練習すると、オーバーワークになる！』

　とお話ししますと、

　『私は毎日本気で練習していますが、体に疲労が溜まっている感じがしませんし、**筋肉痛**[※11]もありません！』

　と返してくる選手がいます。

　本人は疲労感や筋肉痛を感じていないのだと思いますが、オーバーワークに陥っていても、陥っている期間が長くなると、本人は疲労感や筋肉痛を感じなくなることがあります。

　（疲労が溜まった状態が長期間続くと、疲労が溜まった状態が普通になってしまい本人は疲れを感じなくなることがあります。）

　オーバーワークに陥っているかどうかを判断する上で、選手本人が感じている疲労感や筋肉痛があるかどうかは参考にならないと思います。

　練習頻度を減らしてみると、オーバーワークに陥っているどうかが分かると思います。

　練習頻度を減らしてみてパフォーマンスが向上するようであれば、オーバーワークに陥っていたと考えていいと思います。

3項　人の体は能力向上よりも種族存続を優先する

　強度的にも量的にも頑張らずに練習することが能力を向上させる秘訣だと言えますが、自己防衛本能による制御は競技能力が向上すれば向上するほどかかり易くなります。
　それは競技能力が向上するに従い、体にかかる負荷が増えて危険度が増すからです。
　危険度が増すと、体は自己防衛本能による制御をそれだけ強くかけ危険を回避しようとします。
　競技能力が向上したら、それに合わせて練習の本気度を下げていくと同時に練習量を減らしていく必要があると思います。

★どのような競技でも競技能力が向上し記録が世界記録に近づくと伸びにくくなります。それは競技パフォーマンスが人類の限界に近づくと危険度がMAXレベル[※12]まで上がる為、とても強い制御がかかるからだと思われます。

　一方競技レベルがまだ低い初心者の内は全力でたくさんの練習を行っても、体に強い負荷がかからないので大して危険ではありません。
　この為初心者の内は全力でたくさん練習しても、自己防衛本能による制御がほとんどかからず、競技能力は順調に向上すると思います。
　だから初心者の内は（強度的にも量的にも）頑張って練習してもいいと思います。
　そして全力でたくさん練習し能力が向上しなくなったら、（強度的にも量的にも）頑張らない練習に切り替えるといいと思います。

コラム：3

多くの人が『頑張って（全力でたくさん）練習すれば、レベルアップ出来る』と勘違いしていますが、・・・！

多くの人が『頑張って（全力でたくさん）練習すれば、レベルアップ出来る』と勘違いしていますが、それは初心者の時に頑張って（全力でたくさんの）練習を行っても能力をきちんと向上させることが出来たからだと思います。

　しかしレベルがある程度上がってきたら、そうはいきません。やり方を変える必要があると思います。

　体が運動と言う刺激に対して能力を向上させて対応するのは初心者の間だけで、ある程度レベルが上がってくると体は運動と言う刺激に対して基本的には制御をかけて対応するようになります。
　選手自身は能力を向上させる為に練習しているはずですが、体は能力を向上させることよりも体を危険から守り種族を存続させることを優先します。
　このことを理解して練習するのとそうでないのでは到達出来るレベルがかなり違ってくると思います。

4項　余裕が無いプレイからはリズムは生まれない

　がんばらずに余力を少し残してプレイすると、制御がかかりにくくなるだけではなく、リズムを自然に使ってプレイする（動く）ことが出来るようになります。
　リズムを使って動くことが出来ると、連続動作でリードタイムをおかずに次の動作へ移行することが出来るので、流れがあるプレイを行うことが出来ます。
　更には経験したことがない初めてのプレイや日頃練習していないプレイを突然行わなければならなくなった時でも、ボディバランスを崩したりスピードを落としたりすることなくきちんと対応することが出来ます。
　またリズムを使って動くことが出来ると、球技でボールと体を動かすタイミングを合わせ易くなるなど他にもたくさんのメリットを獲得することが出来ます。
　逆にいつも全力で頑張って（がむしゃらに）余力がない状態でプレイしてい

ると（ほとんどの日本のアスリートがこれに当たると思われます。）、リズムが生まれてくることはありません。

　リズムを使って動く（プレイする）ことが出来ないと、流れがあるプレイを行うことが出来ないし、更には経験したことがない初めてのプレイや日頃練習していないプレイを突然行わなければならなくなった時全く対応することが出来なくなります。

　球技ではボールと体を動かすタイミングを合わせにくくなるなど、他にも運動を行う上ではとても不利になります。

　リズムを使ってプレイすることが出来るようになるという点からも、がんばらずに（全力を出さずに）余力を残してプレイすべきだと思います。

　それは練習も試合も同じです。

　このようにお話ししますと

　『がんばってプレイしても、並行して**リズム感を養うトレーニング**[※13]を行えばいいではないか？』

　と思われる方がいるかもしれません。

　（現在スポーツ界ではリズム感を養うトレーニングがブームのようです。）

　はたしてがんばってプレイしてもリズム感を養うトレーニングを並行して行えば、高いパフォーマンスを発揮することが出来るようになるのでしょうか？

5項　リズム練習やリズムトレーニングで習得したリズム（感）は競技では役に立たない

　答えはNOだと思います。

　それはリズム（感）を養う練習やトレーニングにより習得した（養われた）リズムは競技では役に立たないからです。

　その競技を行うことにより自然に生まれたリズムしかその競技には役に立たないと筆者は考えています。

　余裕をもって（余力を残して）プレイを行うとリズムが自然に生まれてきますが、このリズムはその競技を行う上で必要とされて生まれてきたリズムなので、その競技を行う上ではとても役に立ちます。

　しかし競技のプレイとは別にリズム（感）を養う練習やトレーニングで習得

したリズム（感）は競技を行う上で必要とされて生まれてきたリズムではないので、競技には役に立ちません。

★リズムとは本来リズム（感）を養うトレーニングや練習を行い習得するものではなく、自然に生まれてくるものです。自然に生まれてこないリズムを無理やりトレーニングや練習で丸覚えしても能力の向上には結びつかないと思います。

またトレーニングや練習でリズム（感）を養うと、トレーニングや練習で養われたリズムに無理やり当てはめてプレイを行うようになります。そうなるとプレイが限定されプレイの幅が狭くなります。
リズムはトレーニングや練習で養う（習得する）のではなく、余裕を持ってプレイすることにより自然に生まれてきてはじめてパフォーマンスの向上に結びつくのです。
自然にリズムがある動きを行うことが出来るようになる為にも、全力で頑張らずに余裕を持って練習する必要があると思います。

☑ **秘訣3**
頑張らずに余裕を持って練習（プレイ）することにより、自然にリズムがある動きを行うことが出来るようになることも競技能力を向上させる秘訣だと言えます。

コラム：4

リズムを自然には生むことが出来ず、反復練習により丸覚えする日本のダンサー

筆者は日本のダンサーの踊りを見て、いつも感じることがあります。
それは"一生懸命踊っているが、ぎくしゃくして、しなやかさがなく、動きに流れがない!"ということです。
みな『一生懸命練習して踊りを覚えて、ステージ（本番）でも一生懸命踊っています』と言う感じ

がしますが、彼ら（彼女ら）からは黒人のダンサーのようなしなやかで流れるような動きを感じることは出来ません。

なぜ日本のダンサーの踊りはしなやかさがなく、流れるような動きがないのでしょうか？

それは日本のダンサーがいつも全力で余裕を持たずに踊っている為、リズムが自然には生まれてこないからだと筆者は考えています。

リズムが自然に生まれてこなければ、リズムを動きごと丸覚えして無理やり使うしかないですが、それが硬くてぎくしゃくした不自然な動きを生んでいるのだと思います。

（**脊椎**※14 の柔軟性など人種的な違いもあるとは思いますが、スポーツ選手もダンサーも日本人はみなこのような感じだと思います。）

6項　頑張る練習をどうしても組み込む場合

基本的にはいつも全力で頑張らずに少し余力を残して練習（プレイ）すべきですが、

『いつも余力を残して練習していたのでは、モチベーションが下がる。』

と思われる方がいるかもしれません。

また

『いつも余力を残して練習していたのでは、全力（100%）がどの位か分からなくなり、結果的に90%位の本気度も分からなくなる。そうなると90%位の本気度でプレイする（動く）ことが出来なくなる。』

と言う方もいるかもしれません。

そこで全力で頑張る練習日も設けた練習例を紹介しますので、全力で頑張る練習をどうしても取り入れたい方は次のように練習してみてください。

人の体は全力（100%の本気度）でプレイ（練習）すると、初心者を除き自己防衛本能による制御がかかり、発揮することが出来る能力が低くなります。

しかしこの制御は 1 回辺りの練習（プレイ）強度に対しても少しはかかりますが、ある期間の練習強度の平均値に対してより強くかかります。

だから全力（100% の本気度）での練習を取り入れる場合はある期間の練習強度の平均値が全力（100% の本気度）を超えないように設定します。

例えば（表1）のように期間（1サイクル）を 4 週間と考えた場合、1 週目は 70% 位の本気度で練習します。

そして 2 週目は 80% 位の本気度で練習し、3 週目は 90% 位の本気度で練習を行います。

そして最後の 4 週目だけ 100% の本気度で（全力で）練習を行います。

（表1）全力で練習する日も設けた練習例

	月曜日	木曜日
1 週目	70% の本気度で練習	70% の本気度で練習
2 週目	80% の本気度で練習	80% の本気度で練習
3 週目	90% の本気度で練習	90% の本気度で練習
4 週目	100% の本気度で練習	100% の本気度で練習
4 週間の平均強度（本気度）	85%	85%

★練習は月曜日と木曜日の 2 回 / 週の頻度で行い、4 週間を 1 サイクルとして強度（本気度）に変化をつけます。

このやり方なら 4 週間（1 カ月）の**平均強度（本気度）**[15] が 85% 位【(70%＋80%＋90%＋100%)÷4】と 100% を超えることがないので、制御がかかりにくくなります。

★スプリントタイムの**短縮**[16] やピッチングの**球速アップ**[17] など具体的な数値目標達成を目的

として練習を行う場合は、いつも余力を残して練習するよりも、（表1）のように期間の練習強度の平均値が100%の本気度を超えない範囲で本気で行う練習日も設けた方が効果が出易い場合があります。

コーヒータイム ❶

スポーツはアメリカ人にとっては遊びで日本人にとっては修業！

なぜ日本人はいつも頑張って全力で練習（プレイ）するのでしょうか？

これに対してなぜアメリカ人は頑張らずに余力を残してプレイするのでしょうか？

両者のプレイスタイルの違いは両者のスポーツに対するとらえ方の違いからきていると筆者は考えています。

日本人はスポーツを健全な精神や肉体を養うための手段であると考える傾向があると思います。

この為日本人は手を抜いてスポーツを行うことはまずありません。

いつも全力で余力を残さず行います。

（全力で余力を残さず行うことを美学や教育と考えている人もいるようです。）

一方これに対してアメリカ人はスポーツを楽しみや遊びととらえる傾向があると思います。

スポーツを楽しみや遊びととらえれば、楽しくしか行わないので、全力で手を抜かずに行うなんてことはまずないと思います。

コーヒータイム ❷

あまり練習しないから高いパフォーマンスを発揮することが出来る！

『A選手は才能があるからあまり練習しないでも高いパフォー

マンスを発揮することが出来るが、私は才能がないから人よりもたくさん練習しているのに低いパフォーマンスしか発揮することが出来ない！』となげいている選手をよく見かけます。

確かに両者のパフォーマンスの差は才能によっても開いてしまっているかもしれませんが、それだけではないと思います。

練習のやり方（練習量や本気度）の違いもパフォーマンスの差を作っている要因になっていると思います。

『A選手はあまり練習しないでも高いパフォーマンスを発揮することが出来る』のではなく『A選手はあまり練習しないから高いパフォーマンスを発揮することが出来る』のであり、『私は人よりもたくさん練習しているのに低いパフォーマンスしか発揮することが出来ない』のではなく『私は人よりもたくさん練習しているから低いパフォーマンスしか発揮することが出来ない』のだと筆者は考えます。

コーヒータイム ❸

減量を行う時や筋力トレーニングを行う時も自己防衛本能による制御がかかる！

自己防衛本能による制御がかかるのは運動能力を向上させる時だけではありません。

減量の為食事制限を行っている時もこの制御がかかります。

食事制限による減量にチャレンジし、最初の2~3kgは体重が順調に減っても、それ以降は思うように体重が減らなかったという経験をお持ちの方は結構いるのではないかと思います。

体重が2~3kg減った後はあまり減らなくなるのは、自己防衛本能による制御がかかるからだと筆者は考えています。

食事の摂取量を減らすと、体は飢餓が来ると判断し飢餓に備えて**脂肪**[※18]をストックし始めます。

そうなると**摂取カロリー**[※19]を減らして運動をたくさん行って

も、体重をなかなか落すことが出来なくなります。

次の内容に取り組んで頂ければ、減量中に食事制限を行っても制御がかかりにくくなりますが、運動能力を向上させる時以外でも様々なケースで自己防衛本能による制御がかかります。

そうなるといくら摂取カロリーを抑えて運動をたくさん行っても、体重を落とすことが出来なくなります。

血糖値が下がらないようにすることが制御をかけずに脂肪をきちんと燃焼する（体重を落とす）ポイントとなりますが、その為には次のことに取り組みます。

〔減量中食事制限を行っても、制御がかからないようにする取組み〕

血液の中には**糖（炭水化物）**[20]と言われるエネルギーが貯蔵されております。

この血液中に貯蔵されている糖の量が減ることを血糖値が下がると言いますが、血糖値が下がると体は飢餓が来ると判断します。

体は飢餓が来ると判断すると、自己防衛本能による制御をかけて脂肪を燃焼することが出来ないようにして、飢餓に備えて体に脂肪をストックしよう（蓄えよう）とします。

（生化学的に説明しますと、血糖値が下がると糖を摂取した時にリバウンドで血糖値が急激に上昇し、血糖値をコントロールしているインシュリンと呼ばれるホルモンが過剰に分泌されます。そうなると脂肪分解酵素が分泌されにくくなり、脂肪が蓄えられやすくなります。）

1、朝、目が覚めたら出来るだけすみやかに糖を少量でもいいから摂取する

★朝、目が覚めてすぐ糖をたくさん摂取出来なければ、パン一口とか少量でもいいので摂取します。
（解説）

朝、目が覚めたら脳が活動を開始します。（体は動かさなくても目覚めた段階で脳は活動を開始します。）

脳は（乳児を除き）**糖をエネルギー源**[21]として活動します。

だから脳が活動を開始したら血液中の糖が消費されて血糖値が下がりはじめますが、目覚めてから

出来るだけ速やかに（10分以内に）糖を摂取すれば血糖値を下げないで済みます。

　目覚めてから糖を摂取するまでに10分以上時間が空いてしまえば、もうその日はどれだけ摂取カロリーを減らして運動をたくさん行っても脂肪を燃焼することが出来ないと考えて頂いてもいいと思います。

　ちなみに朝ごはんを抜くと昼食を食べるまでに長時間血糖値が下がった状態が続くので、とても強い制御がかかり脂肪をほとんど燃焼することが出来なくなります。

2、食事の（糖を摂取する）間隔を5時間以上空けない
（解説）

　食事と食事の間隔が5時間以上空くと、次の食事を摂るまでに血糖値が下がってしまいます。

　そうなると、体は飢餓が来ると判断します。

　体は飢餓がくると判断すると、飢餓に備えて脂肪を蓄えようとします。

　食事の間隔は5時間以上空けないようにします。

　昼の12時に昼食を食べて夕食を食べる時間が17時を超えそうな時は17時頃糖を少し（例えば、あめだま一ケ）でもいいので食べるといいと思います。

★一日の総摂取カロリーが同じであれば、食事は何回にも分けて食べた方が（食事の間隔が空かないので）脂肪を燃焼させやすくなります。

　逆に一日1食とか2食の食生活は（食事の間隔が空き過ぎるので）肥満を作り易くなります。

3、糖（炭水化物）は食物繊維と一緒に出来るだけゆっくり食べる
（解説）

　糖（炭水化物）を急いで食べると、糖が速く吸収されるので**血糖値が急激に上昇**[22]します。

　血糖値は急激に上昇すると、上昇した後リバウンド[23]により低く下がってしまいます。

　そうなると体は飢餓くると判断し、脂肪を蓄えようとしますので、食事（糖）はゆっくり食べて血糖値が急激に上昇しないようにします。また糖を野菜など**食物繊維**[24]と一緒に摂取すると、**消化器官**[25]で糖と食物繊維を仕分けするのに時間がかかり、糖の吸収が遅くなります。

　糖の吸収が遅くなると、血糖値

の急激な上昇を抑えることが出来ます。

　糖は食物繊維と一緒に出来るだけゆっくり食べるようにします。

　　　※　　　　※　　　　※

　また筋力を強化する時も制御がかかります。
　スポーツ選手ならバーベルを使って筋力を強化する**ウェイトトレーニング**[※26]を一度は行ったことがあると思いますが、ウェイトトレーニングを行う時もトレーニングをやり始めたばかりの初心者を除いて制御がかかります。

　★ほとんどのトレーニング種目で**重心を固定し**[※27]手や足を動かすウェイトトレーニングは運動を行う上では**身体操作的に**[※28]問題があると筆者は考え、選手にはあまりお勧めしていませんが、ウェイトトレーニングを行う時も制御がかかります。

　ウェイトトレーニングを始めて間もない初心者の内は、トレーニングを行えば行うほどバーベルで挙上することが出来る重さが増えてくると思います。

　しかしトレーニングを継続し挙上することが出来る重量がある程度増えてくると、いくらトレーニングを行っても挙上することが出来る重量をなかなか増やすことが出来なくなってきます。

　それは挙上することが出来る重量が増えるに従い、怪我をする可能性が高くなり（危険度が増し）自己防衛本能による制御がかかりやすくなるからだと筆者は考えています。

　自己防衛本能による制御がかかると、発揮することが出来る筋力が低くコントロールされてしまいます。

　次の取り組みを行っていただければ、ウェイトトレーニングを行い挙上することが出来る重量が増えてきても制御がかかりにくくなりますが、筋力トレーニングを行う時も自己防衛本能による制御がかかります。

（ウェイトトレーニングで制御がかからないようにする取組み）

　ウェイトトレーニングを行う時、ほとんどの人がバーベルを限界まで挙上すると思います。

例えばベンチプレス[29]で80kgのバーベルを8回は挙上することが出来るが9回は挙上することが出来ない人がいたとします。（8回やっと挙上することが出来る重さを8RMと呼びます）

このような人がベンチプレスのトレーニングを行う時はたいてい**ウォーミングアップ**[30]を行った後に80kgのバーベルを限界の8回まで挙上すると思います。

行っている本人は限界まで挙上しないと筋力が強くならないと考えていると思いますが、実はこの"限界まで挙上する"と言う行為に対して制御がかかるのです。

重たい物を持ち挙げるだけでも体は危険を感じると思いますが、それを限界まで行えば、体にとってそれは危険を通り越して**脅威となる**[31]と思います。体にとって脅威となる行為を行えば、体は『危険だから早めにやめさせなければならない、つまり何回も挙上させてはいけない！』と判断します。

体がそのように判断すると、挙上することが出来る回数は減ることはあっても増えることはありません。

ウェイトトレーニングで（挙上することが出来る重量が増えても）制御がかからないようにするには、極力（出来るだけ）限界まで挙上しないようなトレーニングを行うといいと思います。

例えば、8RMの重さが80kgの人の場合は（表2）のようにトレーニングを行うといいと思います。

ウォーミングアップを行った後、80kgのバーベルを（8回挙上することが出来ても8回挙上しないで）5回だけ挙上しそれから5分間位の**休憩**[32]をとります。（この休憩をトレーニング用語ではインターバルと言います）

5分間の休憩をとった後、80kgのバーベルを再び5回挙上します。（トレーニング用語では"80kgを5回×2セット行う"と言います）

このようなトレーニングを日頃行い、制御がかからないようにしておいて（体を安心させておいて）、時々（1ヶ月に1回位）80kgのバーベルを何回挙上することが出来るか**トライ**[33]してみるといいと思います。

(表 2)
**8RM の重量が 80kg の人が制御がかからないように
ウェイトトレーニングを行う場合のプログラム例**

	バーベルの重量	挙上回数
ウォーミングアップ	60kg	10
1 セット目	80kg	5
2 セット目	80kg	5

★セット間のインターバル（休憩時間）は 5 分位とります。

第2章 基本を習得するとダメになる！

1項　基本の習得こそが選手の能力の向上を制限している最大の要因！

　日本のスポーツ界では"基本の習得"を重んじる傾向があると思います。これは競技種目に関わらないと思います。
　運動指導者はみな
『基本が出来ないと一人前の選手にはなれない。』
と言って、初心者の段階で基本を徹底的に習得させます。
　しかし
　筆者は基本の習得こそが選手の能力の向上を制限している最大の要因だと考えています。
『若い選手に基本をみっちり叩き込んでやった！』
と満足げに話している指導者をよく見かけますが、基本とはいったいなんでしょうか？
　日本ではほとんどのスポーツで"基本"というものが存在しますが、基本とはいったい誰が考えたのでしょうか？
　基本とは正確な定義はないと思いますが、昔選手や指導者がやってみて良かったと思ったことがだいだい受け継がれて基本と呼ばれるようになったのではないかと筆者は考えています。
　日本では野球を始めると、たいていの場合最初に指導者からいくつかの基本を習います。
　ボールをとる時は胸の前で両手でしっかりとれ！
　ゴロをとる時は腰を落として体の正面でやはり両手でボールをキャッチしろ！
　バッティングを行う時はバットを立てて構えろ！などなど言い出したらきりがありませんが、たくさんの基本を習います。

2項　人の体は何も意識しないで動いたら（プレイしたら）、自然に合理的な動きを選択する！

　では野球で基本は全く習わずに（無視して）本能がおもむくままにプレイしていったらどうなるのでしょうか？

　おそらく本人が一番やりやすい動きを自然に選択してプレイするようになると思います。

　（極端に速い球をとる時を除けば）ボールを両手でとることはないと思います。

　ゴロをとる時も腰を落とさず、片手でとると思います。

　ボールは胸の前や体の正面ではとらず、とった後投げやすいように**半身**[※34]でとるようになると思います。

　バッティングを行う時はどのように構えるのでしょうか？

　バットを立てて構える人はほとんどいないと思います。

　ほとんどの人がバットを寝かせて肩に担いで構えることだと思います。

　なぜかと言えば、その方がやり易いからです。

　そして"このやり易い動き"こそがその人にとってもっとも合理的な動きであると筆者は考えています。

コラム：5

バットを肩に担いで構えたら高打率を誇ったが、監督から構え方を変えるよう言われた！

　以前筆者が指導していたクラブチーム所属の野球選手がBCリーグ[※35]のチームのトライアウトを受けて合格しました。

　その選手はバットを肩に担いで構える（基本を無視した？）打ち方でBCリーグの開幕戦に出場しました。

　結果は開幕戦で5割と言う高打率を誇ることが出来ましたが、早速チームの監督から構え方（バットの

担ぎ方）を改めるよう御指導が入りました。

『バットを肩に担いだりしないで、基本に忠実にバットを立てて構えなさい！』との御指導を彼は監督から受けたようですが、バットを立てて構えると打率は下がるし打球は跳ばないしし本人は悩んでいました。

バットを立てて構えると、バットを支える為に筋肉を収縮させなければならなくなり、その分バットを振る為に収縮させることが出来る筋肉の可動域が狭くなります。

そうなると、バットを勢いよく振ることが出来なくなります。

更に筋肉に力が入っている状態からバットを振りはじめると、バットを振る動作にブレーキがかかってしまうので、その点からもバットを勢いよく振ることが出来なくなります。

バットを勢いよく振ることが出来ないと、打球をしっかり跳ばすことが出来ないし、速い球を打つと振り遅れてしまうなど様々な問題が発生します。

"バットを立てて構える"行為は基本に忠実にプレイするとパフォーマンスが低くなる分かり易い例だと言えます。

野球以外の競技ではどうでしょうか？
バスケットボールやサッカーではディフェンスを行う時は両足を大きく開いて腰を低く落として構えるよう教わります。
しかしそのようなことは習わず（無視して）、本能がおもむくままにプレイしたらどうなるでしょうか？
両足を大きく開いて腰を低く落として構える人などまずいないと思います。
やり易いように構えたらスタンスは狭めに構えるはずですが、この方が合理的に動き出すことが出来ることは明白です。

コラム：6

両足を大きく開いて腰を低く落として構える、‥‥‥！

　両足を大きく開いて腰を低く落として構えると、重心の位置と**足の接地位置**[36]が遠くなるので、動き出すためにどちらかの足を挙げた時バランスを崩しやすくなります。（図1参照）
（当たり前の事です。）
　バランスを崩すと速く動き出すことは出来ません。
（こちらも当たり前のことです。）

　少し考えればわかることですが、日本ではこのようなことを指導者が何の疑問も感じずに指導しています。
　ちなみに**NBA**[37]のトップ選手やサッカーのワールドクラスの選手で両足を大きく開いて腰を低く落としてディフェンスする選手は1人もいません。

第2章 基本を習得するとダメになる！

図1

重心位置　足の接地位置

離れてしまう

↓ 動き出す為に片足を挙げると

ボディバランスが崩れてしまう

3項　基本は習得しないで、何も意識しないでプレイするのがベスト！

　バスケットボールやサッカーでも基本は無視してやり易いようにプレイした方が合理的に動くことが出来ると思います。
　人の体は何も意識しないで（本能のまま）動いたら（プレイしたら）、自然に（無意識のうちに）最適な動きを選択するはずです。
　筆者はこの"人の体が自然に最適な動きを選択すること"を"自動操縦"と呼んでいますが、基本を習い基本に忠実にプレイするつまり型にはまった動きを行うと、自動操縦を作動させることが出来ず体は最適な動きを選択することが出来なくなります。
　そうなると高いパフォーマンスを発揮することが出来なくなります。
　確かに伝統的に受け継がれてきた基本の中にも合理的な動きはあるかもしれません。
　しかし基本の中に合理的な動きがあったとしても、その動きを練習する必要はないと筆者は考えています。
　その動きが本当に合理的であれば、初心者の時に指導者にその動きを叩き込まれなくても、何も意識しないで動いていれば（プレイしていれば）体が自然にその動きを選択してプレイするようになるからです。

☑ **秘訣4**
　"基本は習得せずに何も意識しないで本能にまかせてプレイし、体に自然に最適な動きを選択させること"も競技能力を向上させる秘訣だと言えます。

★基本の中には柔道の受け身[※38]のように習得しないでプレイすると、怪我をするなど危険を伴うものがあります。そのようなものは初心者の段階でしっかり習得すべきだと思います。しかし習得しないでも危険を伴わないような基本は能力を向上させる上では習得しない方がいいと思います。

コーヒータイム ❹

メジャーリーグの野球選手のほとんどが日本で指導されている基本とは異なる動きを・・・！

　メジャーリーグの野球選手のほとんどが日本で指導されている基本とは異なる動きをします。

　ボールをとる時は（とった後すぐに投げられるように）半身になって片手でボールをとるし、バットは立てて構えず寝かせて構えます。

　彼らがこのような動きをするのは基本などというものは習わず、本能がおもむくままにプレイしているからだと筆者は考えています。

　日本の指導者にこのような話をしたことがありますが、そうしたら、

　『彼らは才能があるから、基本を無視してプレイしてもすごいプレイを行うことができる！』

　『才能がない日本人が基本を無視したら話にならないはずだ！』

　と言う答えが返ってきました。

　しかし筆者はそうではないと思います。

　『彼らは才能があるから、基本を無視してプレイしてもすごいプレイを行うができる！』

　のではなく

　『彼らは基本を無視してプレイしているから、すごいプレイを行うことができる』

　のだと筆者は考えています。

第3章　積み上げ式の練習は自己満足！

1項　積み上げ式の練習を行うとしっかり練習した気になる

　日本の指導者は積み上げ式の練習が大好きです。
　日本ではスポーツの練習はまず単独（1つの）動作をみっちり練習して習得（丸覚え）し、その上で習得（丸覚え）した単独動作を組み合わせて連続動作の練習を行うのが一般的です。
　例えば、ボクシングの練習ではまず左のストレートだけを打つ練習を何回も行います。
　そしてそれがきちんと打てるようになったら（それをきちんと丸覚えしたら）、今度は右のストレートだけを打つ練習をやはり何回も行います。
　右のストレートもきちんと打てるようになったら（丸覚えしたら）、そこではじめて左のストレートと右のストレートを組み合わせて打つ**ワンツー**[※39]の練習を行います。
　このような積み上げ式の練習を行うと、練習している選手はしっかり練習した気になりますが、
　はたしてこのやり方で能力が向上するのでしょうか？
　答えはNOだと思います。

2項　積み上げ式の練習では合理的な動きが選択されない！

　読者の皆様にやって頂きたい動きがあります。
　先ほどボクシングのパンチを例にお話しさせて頂きましたので、ボクシングのパンチの動きをやって頂きますが、次の3パターンの動きを行ってみてください。

第 3 章 積み上げ式の練習は自己満足！

1、左のストレートを出してから、右のストレートを出す
（図 2 参照）

図 2

2、左のストレートを出してから、右のフックを出す
（図3参照）

図3

3、左のストレートを出してから、右のアッパーを出す
（図4参照）

図4

最初に出すパンチである左のストレートの動きは３パターンとも同じでしたでしょうか？
　やっている本人が分かりにくければ、第三者に動きを見てもらい比べてもらって下さい。
　少し違ったのではないでしょうか？
　３パターンとも左のストレートの動きが同じだった人はスピードを挙げてやってみて下さい。
　左のストレートを出してから出来るだけ短いリードタイムで次のパンチを出してみて下さい。
　ゆっくり行っていた時は差が出なかった人でも、スピードが上がると差が出てきたことだと思います。
　次に出すパンチの種類によって最初に出す左のストレートの打ち方が変わってくるはずです。
　次に出すパンチが右のストレートの場合は次に右のストレートを出し易いように左のストレートが出されたはずです。
　次に出すパンチが右のフックの場合は次に右のフックを出し易いように左のストレートが出されたはずです。
　次に出すパンチが右のアッパーの場合はやはり次に右のアッパーを出し易いように左のストレートが出されたことだと思います。
　どのパターンでパンチを打った時も、次のパンチを出しやすいように最初のパンチが出されたことだと思いますが、これは無意識の内に体が行ってくれることで本人が意識して行っていることではありません。
　このように体が合理的な動きを無意識の内に（自然に）選択してくれることを筆者は"**自動操縦**"（**第２章でも説明しました**）と呼んでいますが、丸覚えした単独動作を組み合わせて連続動作を行う（積み上げ式の練習を行う）と、この自動操縦による合理的な動きの選択が行われなくなります。
　もし最初に出すパンチ（左のストレート）と次に出すパンチ（右のストレートや右のフックや右のアッパー）の単独動作をそれぞれ丸覚えしてから、２つのパンチを組み合わせて連続パンチを打ったら、最初のパンチは次のパンチを出し易いようには出されないはずです。
　最初に出されるパンチは次に出すパンチの種類に関わらず、いつも単独動作で練習した同じパンチが出されることだと思います。

自動操縦を作動させ高いパフォーマンスを発揮しようと思えば、丸覚えした単独動作を組み合わせて連続動作を行う、積み上げ式の練習を行うべきではないと思います。

☑ **秘訣 5**
積み上げ式の練習を行わないことも競技能力を向上させる秘訣だと言えます。

コラム：7

流れるようにプレイすることが出来ない日本のスポーツ選手

　競技種目に関わらず日本のスポーツ選手は動きが途切れ易く、流れるようにプレイすることが出来ない傾向があります。

　これに対して海外のトップ選手は動きが途切れることがなく、流れるようにプレイすることが出来ます。

　日本のサッカー選手のプレイを見ると、

　『ボールを**トラップ**[40]し、それが終わってからボールを**ドリブル**[41]で運び、更にそれが終わってから味方にパスを出す』

　と言う感じで動きが途切れ易く、流れるようにプレイすることが出来ません。（動きが途切れて次の動作へ移行するのに時間がかかってしまうと、高いパフォーマンスを発揮することは出来ません。）

　一方海外のトップクラスのサッカー選手は

　『ボールをトラップしながらドリブルで運び、更にボールをドリブルで運びながら味方にパスを出す』

　と言う感じで、動作が途切れることがなく流れるようにプレイすることが出来ます。

　（動作が途切れなければ、すみやかに次の動作へ移行することが出来るので高いパフォーマンスを発揮することが出来ます。）

　サッカーだけではありません。

　野球でもそうだと思います。

　日本の内野手の守備を見ている

と、
『ゴロをとって、それが終わってからボールを持ち替え、更にそれが終わってからボールを一塁へ投げる』
と言う感じで動きが途切れて流れるようにプレイすることが出来ません。
（動きが途切れれば、次の動作へ移行するのに時間がかかり高いパフォーマンスを発揮することは出来ません。）
一方メジャーリーグの内野手の守備は

『ゴロをとりながら、ボールを握り、更にボールを握りながらボールを投げる』
という感じで動きが途切れず流れるようにプレイすることが出来ます。
（動作が途切れなければ、すみやかに次の動作へ移行することが出来るので高いパフォーマンスを発揮することが出来ます。）
日本のスポーツ選手の動きが途切れてしまうのは、日本で行われている積み上げ式の練習が原因となっているように思います。

コーヒータイム ❺

日本では勉強でも積み上げ式が行われる

日本ではスポーツだけではなく、勉強を行う時も積み上げ式が採用されます。
英語を勉強する時はまず、
① 単語を覚え
② 熟語を覚え
③ 文法を覚え
④ ①と②で覚えた単語と熟語を組み合わせて、③で覚えた文法を使って文章を作る。

と言った感じで勉強します。
積み上げ式で勉強すると、勉強をしっかり行った感じがするかもしれませんが、はたしてこのやり方で語学をしっかり身につけることが出来るのでしょうか？
私は語学の先生ではないのではっきりしたことは言えませんが、日本では英語を6年間（中学で3年間、高校で3年間、合

計で6年間勉強します。大学まで行かれる方は8年間勉強します。）も勉強するのに英語を話せる人があまりいないことを考えると、積み上げ式の勉強方法は正解ではないような気がします。

　単語や熟語や文法を単独で丸覚えして、丸覚えした単語と熟語を組み合わせてやはり丸覚えした文法を使って文章を作るのではなく、単語や熟語や文法を文章ごと習得した方がいいのではないかと筆者は思います。

| 第4章 | 反復練習を繰り返し行い、動きを覚えることが向上ではない！ |

1項　同じ動きを何回も反復して行い、動きを丸覚えしようとする選手たち

　　積み上げ式の練習は行うべきではないことを御理解頂けたことだと思います。
　ではどのような練習を行ったらいいのでしょうか？
　単独動作の練習は行わず、連続動作だけを繰り返し練習すればいいのでしょうか？
　連続動作だけを繰り返し練習することも NG だと筆者は考えています。
　日本ではスポーツ選手のほとんどが同じ動き（連続動作）を何回も反復して行い、動きを覚えようとします。
　ボクサーはいくつかのコンビネーション（連続動作）を何回も反復して行い、動きを覚えます。
　個人練習だけではなく集団競技のチーム練習でも同じです。
　サッカーチームはいくつかのフォーメーション（連続動作）を何度も反復して行い、動きを覚えようとします。
　そして反復練習により丸覚えした動き（連続動作）を試合で使おうとします。
　『たくさんの種類のコンビネーションを練習（丸覚え？）しないでいいから、1つか2つのコンビネーション（連続動作）を確実にマスター（丸覚え？）しろ！』
　このように言う指導者もいれば、
　『相手よりもたくさんのコンビネーション（連続動作）をマスター（こちらもやはり丸覚え！）して、相手よりも攻撃の幅を広げろ！』
　と言う指導者もいます。
　動きを反復練習により丸覚えすることが上達で、"練習＝動きの丸覚え"だと、ほとんどの選手や指導者が考えているようですが、このやり方で本当にすごい選手を育てる（あるいはすごいチーム作る）ことが出来るので

しょうか？
　答えは明白で、出来るはずがありません。

2項　丸覚えした動きを繰り返すだけでは応用が利かなくなる！

　ボクシングの試合を見ると、ほとんどのボクサー（ほぼ全員？）がいくつかの（丸覚えした？）コンビネーションを繰り返しています。
　このやり方でも（きちんと練習し）丸覚えした動きを正確に速く行うことが出来れば、試合開始直後はこちらのペースで戦うことが出来るかもしれません。
　しかしラウンドが進んで対戦相手がこちらの動きに慣れてくると、そうはいきません。
　対戦相手にこちらの動きを読まれだし、こちらのペースでは戦うことが出来なくなります。
　コンビネーションの丸覚えでも、対戦相手が格下の選手でこちらが（相手がこちらの動きにまだ慣れていない）早めのラウンドに畳みかければ、相手を倒せるかもしれません。
　しかし強豪選手が相手ではそうはいきません。
　動きを読まれて、丸覚えしたコンビネーションでは対応することが出来ない展開に持ち込まれてしまいます。
　そうなると丸覚えしたコンビネーションを繰り返すことしか出来ない、こちらはなす術がなくなります。
　そして主導権を相手に握られてしまいます。
　サッカーの日本代表の試合をみるといつも思うことがありますが、彼らは丸覚えしたいくつかのフォーメーション（連続動作）を90分間ひたすら繰り返しているだけのような感じがします。
　（Jリーグの試合を見てもいつも同じことを感じます。）
　日本代表は代表チームとしては練習量が世界一多い（動きの反復練習を世界一行っている？）と言われるだけあり、丸覚えしたフォーメーションを正確に速く行うことが出来ます。
　この為格下の国と対戦すると、主導権を握って有利に試合を運ぶことが出来ま

す。
　しかし強豪国が対戦相手だとそうはいきません。
　試合が進むにつれてこちらの動きを読まれ出し、丸覚えしたフォーメーションでは対応することが出来ない日頃練習していない展開に持ち込まれてしまいます。
　そうなると丸覚えしたフォーメーションしか行うことが出来ない（応用が利かない）日本代表はなす術がなくなり、相手に主導権を握られてしまいます。
　日本ではボクシングやサッカー以外のスポーツでもこの傾向（練習で丸覚えしたプレイを試合で繰り返す傾向）があると思います。
　日本からは（競技人口が極端に少ないマイナースポーツを除いて）ワールドクラスの選手がなかなか出てきませんが、それは日本で行われている丸覚えプレイ（練習で丸覚えしたコンビネーションを試合でひたすら繰り返すプレイ）が原因の１つとなっているように思います。

3項　同じ動き（連続動作）は極力行わないようにして練習する

　ではどのような練習を行えばいいのでしょうか？
　同じ動きは極力行わないようにして練習すればいいと思います。
　このように言うと『反復しない練習なんかあるのですか？』
　という質問が返ってきそうですが、難しく考える必要はないと思います。
　紅白戦など試合形式の練習だけをひたすら行っていればいいと思います。
　試合形式の練習では完全に同じ動きが繰り返されることはまずありません。
　この為試合形式の練習だけを行っていれば（練習＝試合）、同じ動きを反復した時と違い動きを覚えてしまうことがありません。
　動きを覚えなければ、人は自然に状況に合わせて臨機応変に対応するようになり、応用力を養うことが出来ます。
　（"応用力を養う"と言うことになると日本人は『応用力をつけるトレーニングを行わなければ』と思うかもしれませんが、特別なトレーニングなど行う必要はないと思います。余計な練習は行わないでただ試合形式の練習だけを行っていれば応用力は養われると思います。）

スポーツの本場では反復練習など行わず試合しか行わないケースが多いようです。
　アメリカのバスケットボール選手はフォーメーション（連続動作）の反復練習などほとんど行わず、ひたすら試合形式の練習ばかり行なっているそうです。
　（試合形式の練習と言えば聞こえがいいですが、ようはいつも試合を行って遊んでいるようです。第1章のコラムでも御説明しましたが日本人にとってスポーツは修行ですが、アメリカ人にとってスポーツは遊びのようです。）
　ブラジルのサッカー選手も同じようです。
　フォーメーション（連続動作）の練習などほとんど行わず、ひたすら試合に明け暮れているようです。

☑ 秘訣 6
"反復練習は行わず、ひたすら試合形式の練習だけを行う！"
これこそが応用が利くすごい選手を育てる秘訣だと言えます。

第5章　動作改善やフォーム作りを行うとダメになる！

1項　バイオメカニクスを使って、動作改善を行う人が増えてきているが！

　最近バイオメカニクス（生体力学）[※42]を使って選手の動きを解析し、それを元に選手の動きを改善する指導者が増えてきています。
　また競技能力が高い選手のフォームをチェックし、それを元に自分のフォームをなおそうとする選手がいます。
　バイオメカニクスを使って動きを解析しそれを元に動作改善を行ったり、能力が高い選手のフォームを元に自分のフォームを改良すると、競技能力は向上するのでしょうか？
　答えはNOだと筆者は考えています。
　動きを改善したりフォームを改良すると言うことは、改善した動きや改良したフォームを覚えることになります。
　動きやフォームを覚えると、"自動操縦"を作動させることが出来なくなります。
　"自動操縦"を作動させることが出来なくなると、体が自然に最適な動きを選択することが出来なくなり、高いパフォーマンスを発揮することが出来なくなります。

2項　発揮することが出来るパフォーマンスの高さは動きによって決まることはない！

　また競技能力が高い選手が高いパフォーマンスを発揮することが出来るのは、彼ら（彼女ら）が特別な動きを行なっているからではないと思います。
　彼ら（彼女ら）がプレイする時は自動操縦が作動し最適な動きが選択さ

れているとは思いますが、彼ら（彼女ら）が特別な動きを行っていて、それによって彼ら（彼女ら）が高いパフォーマンスを発揮することが出来る訳ではないと思います。

彼ら（彼女ら）のパフォーマンスの高さは動き以外のことにより導かれ、彼ら（彼女ら）の動きは高いパフォーマンスを発揮した結果起こる現象だと筆者は考えています。

『足（短距離走）が速い人は走る時太腿がしっかり高く挙がっている！』

『太腿を高く上げて走れば、速く走れる！』

このように考え、太腿を高く上げて走ろうとする人がいます。

しかし足が速くない人が太腿を高く挙げて走っても、速く走ることが出来るようにはなりません。

足が速い人は重心が体を前に推進させ易い位置にあり、（詳しくは第二部を参照して下さい）それゆえに体を速く推進させることが出来るのだと筆者は考えています。

そして足が速い人が走った時に太腿が高く挙がるのは、体が速く推進して足が勢いよく回転した結果起こる現象だと思います。

太腿が高く（勢いよく）挙がることは速く走る為の要因ではなく、速く走った結果起こる現象なのです。

重心が体を推進させ易い位置にない人が太腿を高く挙げて走れば、重心が後方斜め下に落ちてしまいます。

そうなると、足は速くなるどころか、かえって遅くなってしまいます。

動作を改善したりフォームを改良する事が競技能力の向上に結び付くとは到底思えません。

動作を改善したりフォームを改良すると、自動操縦を作動させることが出来なくなり競技能力が下がることはあっても、向上することはないと思います。

☑ 秘訣 7
動作を改善したりフォームを改良したりしないことも競技能力を向上させる秘訣だと言えます。

★指導者に型にはまった動きを長年強要され、どうしても自動操縦を作動させる(最適な動きを自然に選択する)ことが出来なくなっている選手がいます。筆者はそのような選手に限って最適な動きを誘導することが時々あります。
(第2章の2項のコラム"**バットを肩に担いで構えたら高打率を誇ったが、監督から構え方を変えるよう言われた!**"で説明させて頂いたケースがこれに当たると思います。)
しかし、そのようなケースを除けば筆者は選手の動きを改善することは極力行わないようにしています。

第6章 練習やトレーニングは強化のために行うのではなく、試合に向けた調整のために行い、試合で能力を向上させる！

1項 シーズン中でも強化目的で練習を行う日本のスポーツチーム

『練習やトレーニングをしっかり行って選手を強化し、強化された選手を試合に出すと、試合でいい結果を得られる。』

日本の指導者のほとんどがこのように考え、シーズン中でも選手に練習やトレーニングを強化目的で徹底的に行わせます。

はたして、このやり方で選手の能力は向上するのでしょうか？

答えは NO だと筆者は考えています。

シーズン中に練習やトレーニングを強化目的でしっかり行うと、試合までに疲労を回復させることが出来なくなるからです。

試合までに疲労を回復させることが出来ないと、試合できちんとプレイすることが出来なくなります。

（練習やトレーニングを強化目的でしっかり行ってしまうと、どうしても疲労が完全に抜けた状態で試合に出ることが出来なくなります。）

試合は精神面も含めて全ての能力が要求される実戦の舞台なので、試合できちんとプレイすることが能力を向上させる上で一番大切なことだと筆者は考えています。

その試合できちんとプレイすることが出来なければ、競技能力をしっかり向上させることは出来ません。

（練習やトレーニングをいくらしっかり行っても、試合できちんとプレイした時よりも高い能力を獲得することは出来ません。）

2項 シーズン中は練習やトレーニングは強化の目的では行わず試合に向けた調整の目的で行うのがベスト

シーズン中は練習やトレーニングは強化の目的では行わず試合に向けた調整の目的で行い、試合でしっかりプレイすることにより総合的かつ実戦的な能力を獲得するのがベストだと思います。

このようにお話ししますと、

『練習を行ってから十分な休息期間を置き疲労が完全に抜けた状態で試合に出れば、練習もしっかり行い試合でもきちんとプレイすることが出来るからいいのではないか！』

と思われる方がいるかもしれません。

たしかに疲労の回復と言う面ではそうかもしれません。

しかし練習と試合の間隔をしっかり空けて疲労が完全に抜けた状態で試合と練習の双方を行っても、試合と練習の双方でしっかりプレイする（動く）ことは出来ません。

それは双方がんばってしまうと、体が『危険である』と判断しどちらかの動き（プレイ）に（自己防衛本能による）制御をかけてしまうからです。

（練習を行ってから1か月とか極端に長い期間体を休めてから試合に出場すれば、自己防衛本能による制御がかからないかもしれません。しかしそれではプレイの間隔が空きすぎて試合できちんとプレイすることが出来なくなります。）

☑ **秘訣 8**
　　"シーズン中は練習やトレーニングは強化の目的で行わず、試合に向けた調整の目的で行い、試合で高いパフォーマンスを発揮することが出来るようにする"ことも能力を向上させる秘訣だと言えます。

★シーズン中は練習やトレーニングは調整目的で行うべきですが、シーズンオフの練習に関しては強化目的で行なってもいいかもしれません。ただし強化のやり方を間違えると失敗すると思います。

第6章 練習やトレーニングは強化のために行うのではなく、試合に向けた調整のために行い、試合で能力を向上させる!

コラム：8

トップ選手のトレーニングシーン

静止画や動画で世界のトップクラスの選手がウェイトトレーニングを行っているシーンがよく紹介されています。

これを見て

『・・・選手はウェイトトレーニングで筋力を強化している!』

『筋力を強化することがトップクラスの選手になる秘訣だ!』

と考え、筋力トレーニングをがんがん行う人が結構いるようです。

しかしトップクラスの選手が筋力強化の目的でウェイトトレーニングを行うことはめったにないと筆者は考えています。

（少なくともシーズン中は）

彼らはたいていの場合、試合に向けた調整（コンディショニング）でウェイトトレーニングを行っているのだと思います。

重量設定は（本人にとって）軽めで、反復回数に関しても限界まで反復することはないと思います。

限界反復回数[※43]よりも遥か手前で反復を終了し、**セット数**[※44]も少な目に行い、筋肉に軽く刺激を与えているだけだと思います。

また海外のトップクラスの選手が走っているシーンが静止画や動画で紹介されることがあります。

それを見て

『しっかり走りこまないとトップクラスの選手になることが出来ない!』

と考え、走り込みをたくさん行う人がいるようです。

しかしこちらもトップクラスの選手はたいていの場合、走りこんで体力（スタミナ）をつけている訳ではないと思います。

（少なくともシーズン中は）

彼らは試合に向けた調整（コンディショニング）で走っているのだと思います。

だから体力（スタミナ）をつける時のように、長い距離を強度を挙げて（息をきらせて）走ることはないと思います。

コンディションが整うように軽く走るだけだと思います。

以前トップスプリンターがアジリティ（俊敏さ）を養うと言われるトレーニングを行っているシー

ンが動画で紹介されていました。
　これを見て陸上競技の短距離走の多くのコーチが
『アジリティ（俊敏さ）を養うと言われるトレーニングをたくさん行えば、トップスプリンターのように速く走ることが出来るようになる！』
と考え、選手にアジリティ（俊敏さ）を養うと言われるトレーニングをたくさんやらせていました。
　（このトレーニングを走る練習よりもたくさんやらせているコーチが結構いました。）
　しかしトップスプリンターはこのトレーニングを速く走る為に（強化目的で）行っていた訳ではないと筆者は考えています。
　彼は走る練習を行う前にウォーミングアップとして（このトレーニングを）軽く行っていただけだと思います。
　日本人は"トレーニング＝強化"と考える傾向がありますが、世界のトップクラスの選手がトレーニングを強化目的で行うことはめったにないと思います。
　（絶対にないとは言えませんが、めったにないと思います。）
　彼らはトレーニングをコンディショニング（調整）やウォーミングアップの目的で行うことが多いと思います。
　日本の選手や指導者はトップクラスの選手が行っているトレーニングの種類に着目するよりも、トップクラスの選手のトレーニングの活用の仕方を見習った方がいいと思います。

コラム：9

練習でがんばると試合で動けない

　Ｊリーグのユースチームは週の中ほどに持久走のトレーニングを行ってスタミナを強化し、週末（土日）に試合を行うことが多いようです。
　そして週の中ほどに行う持久走でがんばった（順位が良かった）選手

を週末の試合で使うチームが結構あるそうです。

（聞いた話ですが）

指導者は持久力がある選手を試合で使えば、試合を有利に運ぶことが出来ると考えているのでしょうが、実際には週の中ほどに行う持久走でがんばった（速かった）選手ほど疲労の回復が遅れ、試合できちんと動くことが出来なくなる傾向があるようです。

練習でがんばると試合で動くことが出来なくなる典型的な例だと言えますが、そのような状態に陥っているのはサッカーチームだけではないようです。

BCリーグのあるチームが成績不振の為、練習量を大幅に増やしたそうです。

指導者としては練習量を増やすことにより選手をしっかり強化して、レベルアップを図り成績不振を解消しようと考えたのでしょうが、結果は逆効果だったようです。

選手はみな疲労困憊して試合で全く動けなくなってしまったようです。

その結果成績は上がるどころか更に下がってしまったそうです。

このようなチームは日本にはたくさんあると思います。

第7章　余計な練習やトレーニングは行わない

1項　条件付きゲームなど実戦とは異なる練習が好きな日本の指導者

　日本では条件をつけたゲームなど、実際の試合（実戦）とは異なる条件で練習試合を選手に行わせる指導者がたくさんいます。
　サッカーではボールを2回までしかタッチする（足で触る）ことが出来ないツータッチゲームを選手に行わせる指導者がたくさんいます。
　バスケットボールではドリブルでボールを2回までしかつくことが出来ない2ケドリブルを選手に行わせる指導者がたくさんいます。
　また半面コート（試合を行うコート[※45]の半分の広さのコート）で練習試合を行うなど、試合とは異なるエリア（**ピッチ**[※46]やコート）での練習試合を選手に行わせる指導者が結構います。
　条件をつけた練習試合や試合とは異なるエリアでの練習試合を行うと、一見練習方法が工夫されていて合理的な練習を行うことが出来るような感じがしますが、これらのような練習（試合）を行うと選手の競技能力は向上するのでしょうか？

2項　実際の試合とは異なる条件での練習（練習試合）はマイナスにしか働かない！

　答えはNOだと筆者は考えています。
　実際の試合とは異なる条件で練習試合を行ない、実際の試合とは異なる条件でパフォーマンスを向上させても、実際の試合では役に立たないからです。
　また実際の試合とは異なる条件で練習すると、実際の試合で役に立たないだけではなく、プレイの幅が狭くなる（行うことが出来るプレイが限定されてし

まう)、リズムがおかしくなるなど様々な問題が発生します。
　実際の試合とは異なる条件での練習(or 練習試合)は行うべきではないと思います。

★ツータッチゲームのような条件を付けた練習試合を普通の(条件をつけない)練習試合よりも長い時間行っているチームがありますが、これにはあきれて物が言えません。

3項　筋力トレーニングにより競技能力が向上するのは重心の位置が悪い選手だけ！

　今日の日本のスポーツ界では様々なトレーニングが行われています。
　筋力を強化するトレーニング、アジリティ(俊敏さ)を養成すると言われるトレーニング、ボディバランスを向上させると言われるトレーニング、柔軟性を向上させたり**関節可動域**[※47]を広げるストレッチやトレーニング、等々‥‥‥！
　トレーニングを行うと競技能力が向上すると考え、トレーニングに多くの時間をつぎ込む選手が日本のスポーツ界にはたくさんいます。
　(競技の練習を行う時間よりもトレーニングを行う時間の方が長い選手が結構います。)
　はたしてトレーニングを行えば、競技能力を向上させることが出来るのでしょうか？
　答えは NO だと筆者は考えています。
　筆者は自分自身で様々なトレーニングを行ってみました。
　競技能力を向上させる上で効果があると言われるトレーニングは全て一定期間やってみました。
　そして競技能力が向上するかどうかを知る為に、トレーニング開始前と開始後のデータをとって比べてみました。
　(**スプリントタイム**[※48]や**ピッチングの球速**[※49]など他にも様々なデータをとりました。)
　しかし競技能力を向上させることが出来る(トレーニング開始前よりもトレーニング開始後の方がデータがよくなった)トレーニングは1つもありませ

んでした。
　また複数の弟子やクライアント様にも同じことをやってもらいました。
　結果は重心の位置が最適ではないと思われる人が筋力トレーニングによりパフォーマンスをわずかに向上させることが出来ましたが、それ以外の人に関してはトレーニングによるパフォーマンスの向上は全く見られませんでした。

コラム：10

重心の位置が最適ではない人に限って、筋力トレーニングによりパフォーマンスがわずかに向上する！

　重心の位置が最適ではない人は重心を効率よく移動させることが出来ません。
　重心を効率よく移動させることが出来ないと、重心を移動させる為に筋力をたくさん使わなければならなくなります。
　このような人に限っては筋力を強化することにより重心を移動させるスピードが多少なりとも速くなり、パフォーマンスが若干向上する場合があると思います。

　（重心が最適な位置にあり筋力をほとんど使わないでも重心を移動させることが出来る人は、筋力を強化しても競技能力が向上することはないと思います。）
　しかしこのような人でも筋力を強化するよりも、重心を最適な位置にキープし筋力をほとんど使わないでも重心を移動させることが出来るようになる方が、競技能力が高くなることは明白です。

　またアジリティ（俊敏さ）を養うと言われるトレーニングと**股関節を稼働させるドリル**[※50]を行うと、スプリントタイムが若干遅くなる人がいました。
　（アジリティを養うと言われるトレーニングを行うと、**ストライド**[※51]が狭くなる傾向がありました。また股関節を稼働させるドリルを行うと、重心の位置が最適ではないと思われる人に限って重心が後方へ落ち易くなる感じを受けました。）

第 7 章 余計な練習やトレーニングは行わない

"トレーニングは競技能力の向上の為には貢献せず体を消耗させるだけなので、競技能力を向上させる目的では行うべきではない"というのが筆者のトレーニング対する結論です。

ただし**基礎筋力**[※52]を養成したり傷害を予防する目的で筋力トレーニングを必要最低限行なったり、試合に向けた調整（コンディショニング）の為に様々なトレーニングを軽く行うのはいいと思います。

☑ **秘訣 9**
実際の試合とは異なる条件での練習（or 練習試合）や競技能力を向上させる目的でのトレーニングは行わないようにすることも競技能力を向上させる秘訣だと言えます。

コーヒータイム ❻

誰も調査しないトレーニングが競技能力に与える影響（効果）！

スポーツ界では現在非常にたくさんのトレーニングが運動競技の補強として行われています。

しかし、行われているトレーニングが競技パフォーマンスにどのような影響を与えるのかをチェックしている人はほとんど（全く？）いないと思います。

何となくよくなりそうだから、やっている（or やらせている）人がほとんどだと思います。

トレーニングが競技パフォーマンスにどのような影響を与えるのかを研究している人は運動生理学者の中にもいないと思います。

このような状況の中、筆者はいいと言われるトレーニングは全て試してみました。

トレーニングを行うことにより競技能力が本当に向上するのかを、スプリントタイムやピッチングの球速などを計測してデータ化することによりチェックしました。

（筆者自身の体でも試してみましたし、複数の弟子やクライアン

59

ト様の体でも試してみました。)
　その結果、明確に効果が出るトレーニングはありませんでした。筆者はその結果を受けて、競技能力を向上させる方法をトレーニング以外に追い求め、現在のやり方に至っております。
　★筋力トレーニングが筋力の向上や筋肉の発達に与える影響（効果）を研究している人は運動生理学者の中にはいると思います。しかし筋力の向上が運動競技のパフォーマンスに与える影響（効果）を研究している人は運動生理学者の中にもいないと思います。

第8章　感性で動く

1項　動きの調整は感覚で行われる

　運動競技の動きは全て感覚によって調整されます。
　それはどのような競技でも同じです。
　体を動かす角度やタイミングなどは全て感覚で調整されます。
　野球のバッティングでバットを振る角度やタイミングは頭で考えられて決められるわけではありません。
　感覚により決定され実行されます。
　もし
　『ボールが内角[※53]に来たから、バットを早めに体の近くで振ろう！』などと考えてからバットを振っていたら、ボールがホームベースを通過してからバットが振りはじめられることになります。
　サッカーでシュートを蹴る時も蹴る角度やタイミングは感覚により調整されます。
　もし頭で考えてシュートを蹴っていたら、シュートを蹴るチャンスを失います。
　跳躍（ジャンプ）動作で床や地面を蹴る角度やタイミングは頭で考えられるのではなく、感覚で調整されます。
　短距離走（スプリント）で地面を蹴る角度やタイミングもやはり頭で考えられるのではなく、感覚で調整されます。
　もし跳躍動作やスプリント動作で床や地面を蹴る最適な角度やタイミングをバイオメカニクス（生体力学）などを使って割り出し、その角度やタイミングで蹴る練習を行ったらどうなるのでしょうか？
　パフォーマンスが向上することはまずないと思います。
　そんなことを行ったらパフォーマンスがどうこう言う以前に、まともに跳んだり走ったりすることが出来なくなります。

（動作改善はみなこうなると思います。）

運動とは感覚で行われるべきもので、"考える"が入る余地はありません。

"考える"を無理やりいれれば、まともに動けなくなりお話にならなくなります。

2項 感性（感覚）で調整されても最適な調整が行われなければ、高いパフォーマンスを発揮することは出来ない

動きは感覚で調整されるべきですが、感覚で調整されても最適な調整が行われなければ、高いパフォーマンスを発揮することは出来ません。

バスケットボールでダンクシュート[※54]を行う時、感覚が鈍くて（感性が低くて）タイミングよく床を踏み切ることが出来なければ、身体能力など他の能力が高くても高く跳ぶことは出来ないと思います。

野球でボールを投げる時も同じです。

感性が低くタイミングよくボールをリリースすること（放すこと）が出来なければ、他の能力が高くても速くてコントロールがいい球を投げることは出来ないと思います。

このようにお話しますと、

『感性が低くても、反復して練習している内に動きは最適化されるのではないか？』

と思われる方がいらっしゃるかもしれません。

確かに感覚が鈍くても何回も反復して練習すれば、練習した動きはそれなりにはよくなるかもしれません。

しかし反復練習を行っても、練習していない動きはよくならないし、練習した動きに関しても動きが最適になる所まではいかないと思います。

バスケットボールでダンクシュートを行う場合、感性が低くても何回も練習すれば、練習した時と同じ場所で踏み切る時は踏み切るタイミングが（完璧ではありませんが）そこそこよくなるかもしれません。

しかし試合ではいつも練習した場所で踏み切ることが出来るとは限りま

せん。
　（というか、練習した場所で踏み切ることが出来ることはまずないと思います。）
　練習している場所と違う場所で踏み切らなければならなくなると、踏み切るタイミングがおかしくなり、きちんと跳ぶことが出来なくなります。
　（ダンクシュートを練習では決めることが出来るが、試合では決めることが出来ない人が結構いると思いますが、そのような人のほとんどがこのパターンではないかと思います。）
　試合でどこで踏み切ってもきちんと高く跳ぼうと思えば、感覚による調整を最適に行えるようにならなければなりません。
　野球のピッチングでボールを投げる場合はどうでしょうか？
　こちらはマウンドという同じ場所から投げるので、反復練習を行えば、感性が低くても対応することが出来るようになると思われる方がいるかもしれません。
　しかしこちらも感性が低ければ、ダメだと思います。
　打者の身長によってストライクゾーンは変わりますし、マウンドの状態や風向きによっても練習した動きに対して微調整が必要となります。
　それは感覚で調整するしかありません。
　いかなる状況でもきちんとした球を投げようと思えば、感覚による調整を最適に行う必要があります。
　感覚による調整を最適に行うことが、高いパフォーマンスを発揮する上では必要不可欠となりますが、どうすれば感覚による調整を最適に行うことが出来るのでしょうか？

コラム：11

感性が低い選手はたくさん練習しないと、きちんとプレイすることが出来ない！

練習量が多くなると自己防衛本能による制御がかかりやすくなる（第1章の2項で説明させて頂きました内容です。）ので、練習量は少なめにした方がいいと言うお話を筆者は選手によくさせて頂きます。
　これを聞いて練習量や練習頻度を減らしてみたら、かえってきちんと動くことが出来なくなり、プレイがおかしくなったと言う選手がいました。
　そこでこの選手には練習量や練習頻度を元に戻してもらいました。
　練習量や練習頻度を元に戻してもらったら、この選手は元のようにきちんと動けるようになったとのことですが、練習をたくさん行わなければきちんと動くことが出来ないこのような選手はそもそも感性が低いのではないかと筆者は考えております。
　感性が低いと最適な動きを選択することが出来ません。
　最適な動きを選択することが出来ないと、最適ではない動きを行わなければならなくなります。
　最適ではない動きは行うのに無理がある動きですので、何回も反復して動きに慣れないと使いこなすことが出来ません。
　行うには無理がある動きを何回も反復することにより使いこなすことが出来るようになっても、高いパフォーマンスを発揮することが出来ないことは明白です。
　高いパフォーマンスを発揮しようと思えば、最適な動きを選択することが出来るようにならなければなりません。
　その為には感性を高める必要があると思います。
　感性の低さは練習では補うことは出来ません。

3項　考えない

　日頃から極力頭を使わない（考えない）ようにすることだと思います。
　（現代の文明社会で頭を極力使わないようにすることは難しいことだと思いますが）
　日頃頭を使って（考えて）ばかりいる人は理性を使う分感性が低くなる（感覚が鈍くなる）と思います。
　逆に日頃頭をあまり使わない（考えない）人（現代社会ではあまりいないか

もしれません）は理性を使わない分**感性が研ぎ澄まされる**[※55] と思います。

　人の体は感性か理性のどちらかに傾いてしまう傾向があると筆者は考えていますが、頭（理性）を極力使わないようにすれば、感性に頼らざる負えなくなり**感性が鋭くなる**[※56] と思います。

　（現代社会で頭を極力使わないで生きるのはとても難しいことだと思いますが、全てを犠牲にしてでも最高のアスリートに成りたいと思われている方は試してみる価値があると思います。）

4項　感じない

　チューニング調整（"第二部の最新レポート"参照）を行ってからスプリントを行うと
　『体が軽くなった感じがした。』とか
　『体が前に進み易くなった感じがした。』とか
　感想を言う選手が結構います。
　このような選手は色々と感じやすく、一見感性が高いように思えますが、実際にはそうではないことが多いようです。
　このような選手のプレイを見ると感性が鋭いとは思えない（最適な調整が行われていない）動きを行うことが多いと思います。
　走る時腕と足が動くタイミングが合っていなかったり、サッカーでボールを蹴る時**軸足**[※57]を付く位置が最適ではなかったりと感性によるコントロールが最適に行われていないことが多いような気がします。
　（あくまでも筆者の主観的な評価なのであいまいな面がありますが）
　"感じる"と言う行為は一見感性を高めそうですが、実はそうではないと筆者は考えています。
　"感じる"とは"体で感じたことを頭を使って（考えて）言葉に置き換る行為"であり、日頃感じる行為を多く行っていると、頭をたくさん使うことになり感性はかえって低くなると思います。
　筆者の経験から言わせて頂きますと、活躍するアスリートは"考えない"だけではなく"感じにくい"選手が多いような気がします。
　チューニング調整（"第二部の最新レポート"参照）によりスプリントのタ

イムを結構短縮しても、走った後感想を聞くと

『調整前も調整後も走りの差は感じなかった。』

と言う選手がいますが、意外にもこのような選手の方が感じ易い選手よりも活躍するケースが多いと思います。

感じにくい人は日頃『感じる』行為をほとんど行っていないと思います。

『感じる』行為を行っていない⇒"体で感じたことを頭を使って（考えて）言葉に置き換える行為"を行っていない⇒"頭を使わない"

ので、感性が高くなるのだと思います。

日頃"極力考えない"だけではなく、"極力感じない"ことも大切だと思います。

☑ 秘訣 10
"極力考えない""極力感じない"ことも競技能力を向上させる秘訣だと言えます。

本書で説明させて頂きました秘訣を実践して頂ければ、持てる力を十分発揮し高いパフォーマンスを発揮することが出来るようになると思います。

コーヒータイム ❼

考え過ぎたり感じ過ぎたりする選手は本番に弱い！

筆者がスポーツ選手を長年指導してきた経験から言わせて頂きますと、考え過ぎたり，感じ過ぎたりする（考えたり感じたりするのが好きな？）選手は本番に弱い傾向があると思います。

練習では高いパフォーマンスを発揮するのに、試合ではぱっとしない選手が時々います。

このような選手はいつも考えてばかりいたり、感じてばかりいるタイプが多いように思います。

(あくまで筆者が主観的に感じることですが)

　なぜ、いつも考えてばかりいたり、感じてばかりいる選手は試合では力を出し切ることが出来ないのでしょうか?

　明確な理由は筆者にもわかりませんが日頃考えたり感じたりする習慣があると、試合(本番)でも色々と余計なことを考えたり感じたりしてしまい、体が動かなくなるからではないかと思います。

　理由はともあれ、本番で持てる力をしっかり発揮しようと思えば、日頃"考え過ぎたり、感じ過ぎたりしない"ようにした方がいいと思います。

コーヒータイム ❽

運動指導者(コーチやトレーナー)と選手は両立出来ない!

『私は現役のスポーツ選手ですが、引退後運動指導者になりたいので、**解剖学**※58 や運動生理学など運動指導者になる為に必要となる勉強を行いながら、選手生活を送りたいです!』

と言って、指導者になる為の勉強を行いながら選手生活を送る人がいます。

しかし筆者の経験から言わせて頂きますと、このような人はたいてい選手としては大成しません。

運動指導者になる為の勉強を行うと、運動を頭で(理性で)理解しようとする為、感性で運動を行うことが出来なくなるからです。

スポーツ選手として大成したければ、指導者になる為の勉強など行うべきではないと筆者は考えています。

引退後指導者になりたいのであれば、引退してから指導者になる

為の勉強を行ったらいいと思います。

『相川さんは競技能力を向上させるノウハウをたくさんお持ちのようですので、運動指導者をやめて選手になってもかなり活躍することが出来るではないですか?』

このように言われることが時々ありますが、筆者はかなり頭を使っておりますので、運動指導者にはなることは出来ても、選手として活躍することは出来ないと思います。

★読者が現役の選手であれば、"第二部 才能の正体"は熟読しない方がいいかもしれません。『才能の正体』を熟読し体の構造に関して考えてしまうと感性が低くなる可能性があるので、『才能の正体』は軽く読む程度にしておいた方がいいかもしれません。

第二部

才能の正体！

スポーツ界では練習やトレーニングなど後天的な努力では埋めることが出来ない差を"才能"と言う言葉で表現し、それを解明しようとする者は誰もいませんでした。

また後天的な努力では埋めることが出来ないこの差があるが為に、人はアスリートに結果よりも努力の過程を求めるようになりました。

スポーツ界で長年臭い物に蓋でもするかのように目を瞑られてきた"才能"！

この"才能の正体"を本書が世界ではじめて解き明かします。

目　次

第 1 章　才能とは何か？ ……………………………………… 72
 コラム⑫
 気をつけは理想の姿勢????? ………………………………… 78

第 2 章　重心の位置とスピード ……………………………… 85
 コラム⑬
 猫背だと速く走ることが出来るのか？ …………………… 93

 コーヒタイム 9
 効率が悪い走り方を練習量と根性でカバーしようとする
 日本のマラソンランナー ……………………………………… 99

第 3 章　重心の位置とジャンプ力 …………………………… 100
 最新レポート
 才能を獲得し遺伝子を超える唯一の方法、チューニング ……… 103

語　　注 …………………………………………………………… 121

第1章　才能とは何か？

　才能とはいったい何でしょうか？
　『スポーツ選手が発揮することが出来る能力のほとんどが才能で決まってしまう！』
　『才能に恵まれなければ、後天的にどのようなこと（練習、トレーニング、動作改善、他）を行っても、能力が跳びぬけて高い選手になることは出来ない！』
　と言われ、プロスポーツチームは多額なお金をつぎ込んででも才能がある選手を獲得しようとしますが、スポーツにおける才能とはいったい何でしょうか？
　ずばり、筆者は"**才能とは脊椎の形状や状態のこと**"を指すと考えております。
　選手が発揮することが出来る能力のほとんどが脊椎の形状や状態によって決まってしまうと筆者は考えております。
　脊椎の形状や状態が運動するのに適していなければ、どのような練習やトレーニングを行ってもバイオメカニクス（生体力学）を駆使した動作改善を行っても、特別な（抜きんでた）選手になることは出来ないと思います。
　逆に脊椎の形状や状態が運動するのに適していれば、当たり前の練習を行っているだけで（トレーニングなんかほとんど行わなくても）特別な能力を持った選手になることが出来ると思います。
　"脊椎の形状や状態が運動するのに適している選手"＝"才能がある選手"であると筆者は考えております。

★"『運動神経がいい！』とか『運動センスがあり、物覚えがいい！』と表現されるものが才能である"と言う見方をする方がいらっしゃいます。しかしこれらは感性（第一部の第8章で説明させて頂きました内容です。）が高くなると実現することが出来るものであり、筆者は才能とは区別して考えております。

　では、脊椎がどのような形状をしていてどのような状態であればいいのでしょうか？
　脊椎とは俗にいう背骨のことを指しますが、脊椎は（図5）のように**仙骨**[※59]と呼ばれる**骨盤**[※60]の中央にある骨の上に24ヶの**椎骨**[※61]と呼ばれる骨が積み上げられて出来ています。

図 5 脊椎の図

脊椎は仙骨と呼ばれる骨盤の中央にある骨の上に24ヶの椎骨と呼ばれる骨が積み上げられてできています。

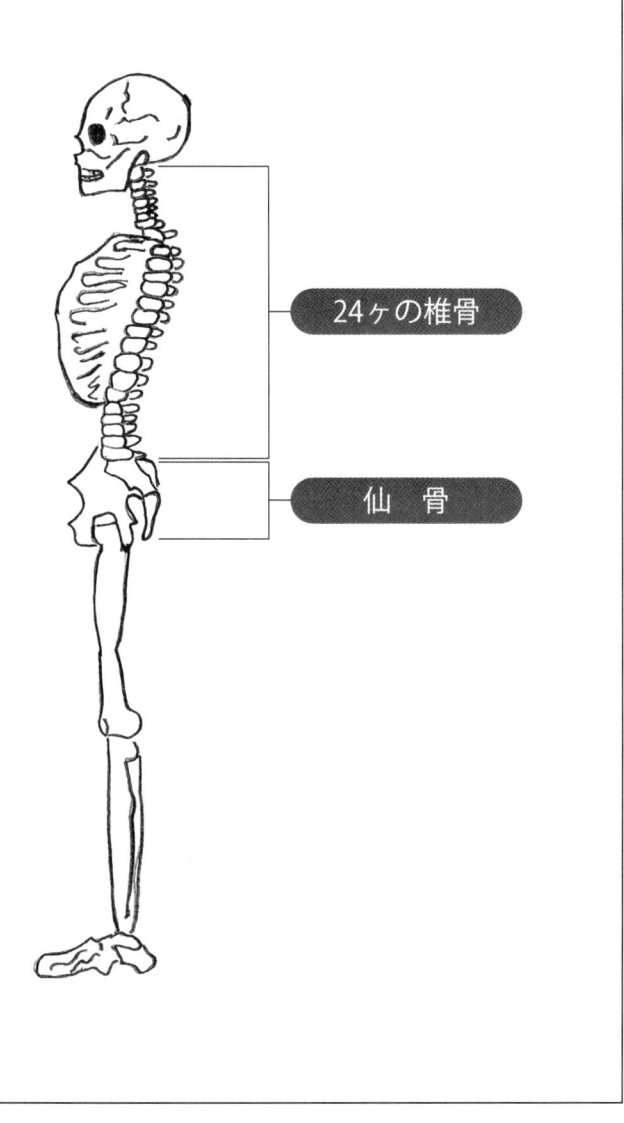

- 24ヶの椎骨
- 仙 骨

もう少し詳しく説明すると、脊椎は（図6）のように7ヶの椎骨からなる頸椎（背骨の首の部分です）と12ヶの椎骨からなる胸椎（背骨の胸の部分です）と5ヶの椎骨からなる腰椎（背骨の腰の部分です）と骨盤の中央にある仙骨によって成り立っています。

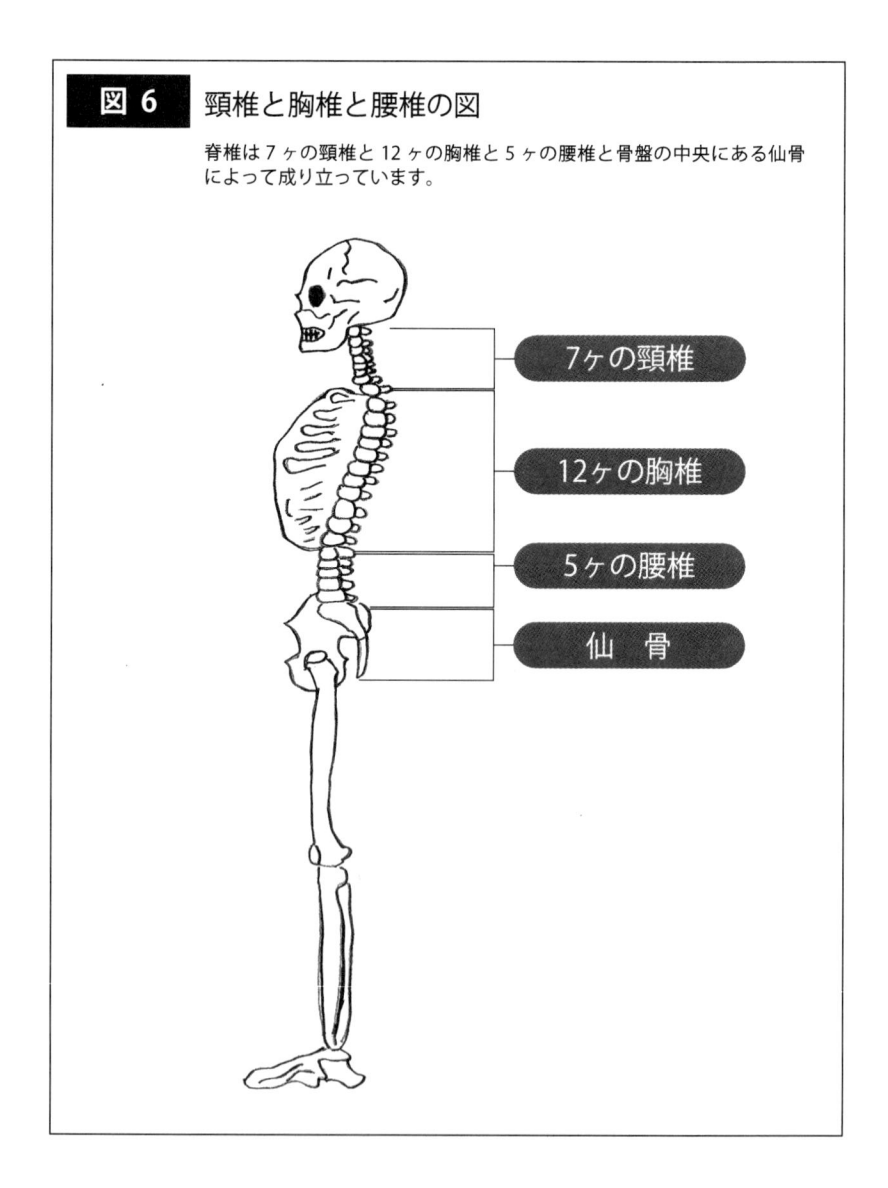

図6 頸椎と胸椎と腰椎の図

脊椎は7ヶの頸椎と12ヶの胸椎と5ヶの腰椎と骨盤の中央にある仙骨によって成り立っています。

- 7ヶの頸椎
- 12ヶの胸椎
- 5ヶの腰椎
- 仙骨

（図 7）のように頸椎が前湾つまり前の方に湾曲し、胸椎が後湾つまり後ろの方に湾曲し、腰椎が前湾つまり前の方に湾曲していることを"脊椎が生理湾曲している"と言いますが、脊椎が生理湾曲しているのが運動を行う上では理想的です。

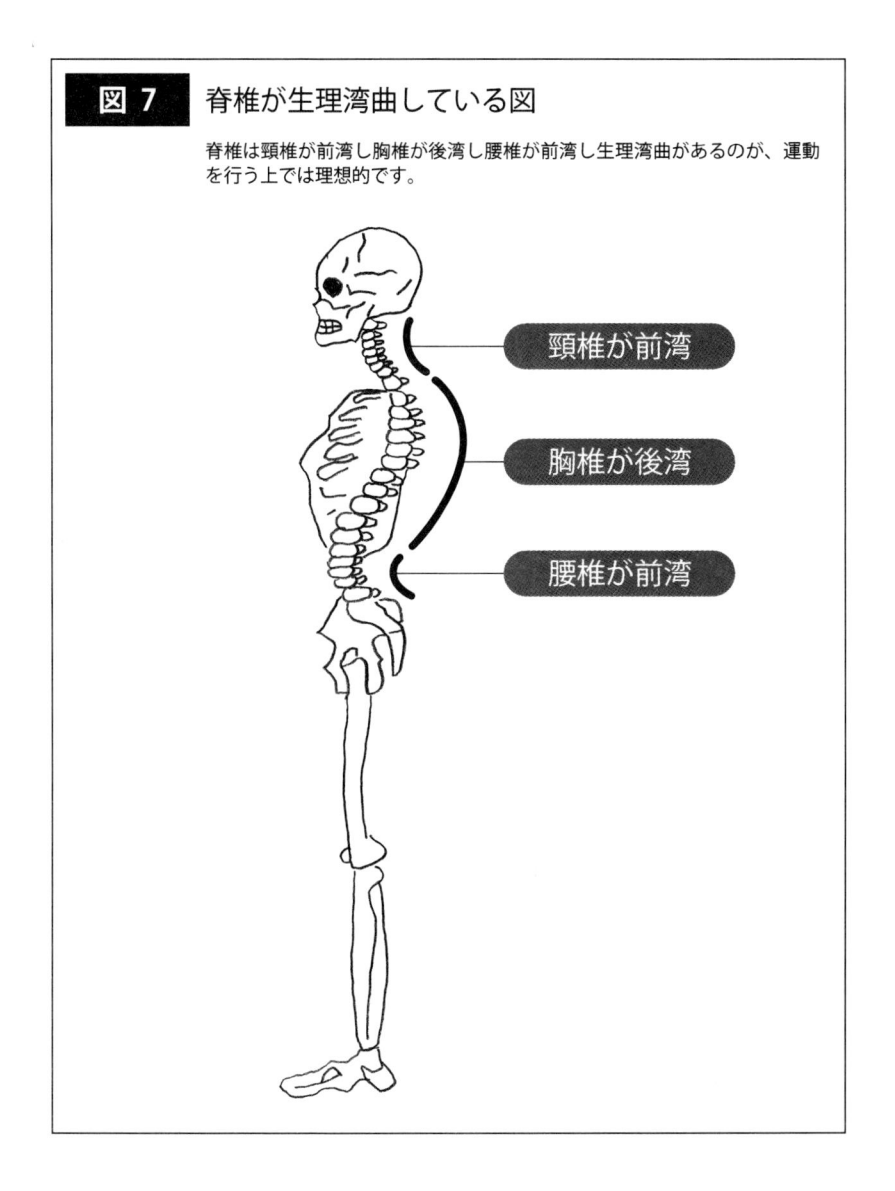

図7　脊椎が生理湾曲している図

脊椎は頸椎が前湾し胸椎が後湾し腰椎が前湾し生理湾曲があるのが、運動を行う上では理想的です。

- 頸椎が前湾
- 胸椎が後湾
- 腰椎が前湾

しかしほとんどの人の脊椎が生理湾曲した形状にはなっておりません。
　筆者は仕事柄たくさんのアスリートの脊椎をチェックしてきました。
　その経験から言わせて頂きますと、スポーツ選手が3000人位いたら脊椎が完全に生理湾曲している人は1人いればいい方だと思います。
　（生理湾曲に近い脊椎をした人ならもう少しいるかもしれません。）
　脊椎が生理湾曲した人はとても少ししかおりませんが、脊椎が生理湾曲していると、運動を行う上ではとても有利になります。
　生理湾曲した脊椎を持っていて一番有利なのは、動いている時にボディバランスを崩しにくくなることです。
　ボディバランスを崩さなければ、体は危険を感じず自己防衛本能による制御をかけることがありません。
　自己防衛本能による制御がかからなければ、とても速く動くことが出来ます。
　それは全ての動作（プレイ）においてです。
　スプリント（短距離走）のようにまっすぐ走る時は勿論、回り込んだりターンを行ったりする時でもとても速く動く（走る）ことが出来ます。
　それだけではありません。
　サッカーやバスケットボールなどのスポーツでボールをドリブルで運ぶ時も、速くボールを運ぶことが出来ますし、ボクシングなどの格闘技でもとても速く動くことが出来ます。
　動いている時ボディバランスを崩さなければ、全ての動作で速く動くことが出来ますが、メリットはそれだけではありません。
　動いている時ボディバランスを崩さなければ、（当たり前と言えば当たり前のことですが）正確にプレイすることが出来ます。
　特にスピードを挙げて動いた時に差が出ます。
　脊椎が生理湾曲していると、スピードを挙げて動いてもボディバランスが崩れることがないので、精度が高いプレイを行うことが出来ます。
　更に動き回っている時でも余裕を持って周りを見ることが出来るし、それ以外でもすべてにおいてとても有利にプレイすることが出来ます。
　それは全ての競技においてです。
　また脊椎が生理湾曲していると、**肩甲骨**[※62]を稼働させやすくなります。
　肩甲骨を稼働させることが出来ると、野球では速い球を投げることが出来るし、テニスでは速くて強いサーブを打つことが出来ます。

またバレーボールでは速くて強いスパイクを打つことが出来るし、ボクシングでは速くて強いパンチを打つことが出来ます。
　肩甲骨を稼働させることが出来ると、他にも様々なメリットを獲得することが出来ます。
　脊椎が生理湾曲していないと、動いている時ボディバランスを崩しやすくなります。
　ボディバランスを崩してしまうと、体は危険を感じ自己防衛本能による制御をかけてしまいます。
　そうなると、いくら速く動こうとしても速く動くことが出来なくなります。
　それは全ての動作（プレイ）においてです。
　またボディバランスを崩してしまうと、他にも様々な問題が発生します。
　スピードを挙げて動こうとすると動きの精度が低くなるし、動いて（プレイして）いる最中に周りを見ることが出来なくなるし、それ以外でも全てにおいて不利になります。
　脊椎が生理湾曲していないと、いくらボディバランスを向上させると言われる**スタビライゼーショントレーニング**[※63]や**体幹**[※64]の筋力を強化するトレーニングを行っても、動いている時のボディバランスを向上させることは出来ません。
　また脊椎が生理湾曲していないと、肩甲骨を稼働させることが出来なくなります。
　肩甲骨を稼働させることが出来ないと、野球では速い球を投げることが出来なくなるし、テニスでは速くて強いサーブを打つことが出来なくなります。
　またバレーボールでは速くて強いスパイクを打つことが出来なくなるし、ボクシングでは速くて強いパンチを打つことが出来なくなります。
　肩甲骨を稼働させることが出来ないと、他にも様々な問題が発生します。
　脊椎が生理湾曲していないと、肩甲骨の可動域を広げるストレッチをいくら行っても、運動動作で肩甲骨を稼働させることが出来るようにはなりません。
　脊椎が生理湾曲しているかどうかで、発揮することが出来るパフォーマンスが天と地ほど違ってきます。
　脊椎が生理湾曲しているだけではなく、しなやかに動く状態であれば、動いている時のボディバランスが更によくなります。
　そうなると、運動競技で必要とされる全ての能力が更に高くなります。
　脊椎の形状（脊椎が生理湾曲しているかどうか）だけではなく、脊椎の状態（脊

椎をしなやかに動かせるかどうか）も発揮することが出来るパフォーマンスの高さに大きな影響を与えます。

コラム：12

気をつけは理想の姿勢?????

　日本ではほとんどの人が背すじを真っ直ぐに伸ばした"気をつけの姿勢"がいい姿勢であると考えています。

　『背すじを真っ直ぐに伸ばして(気をつけの姿勢をとって)立ちなさい！』とたいていの親は子供に教えます。

　『気をつけ！礼！』と言う言葉の通り、学校の先生は生徒にあいさつを行わせる時は"気をつけの姿勢"をとらせます。

　（会社では営業マンも上司から同じような指導を受けるかもしれません。）

　『背骨が丸まった悪い姿勢では、高いパフォーマンスを発揮することが出来ない！』

　『背すじを伸ばしてプレイしろ！』

　このように選手に指導しているスポーツコーチを時々見かけます。

　はたして背すじを真っ直ぐに伸ばす"気をつけの姿勢"は理想的な姿勢なのでしょうか？

　"気をつけの姿勢"は背すじが真っ直ぐ伸びていて一見いい姿勢に見えます。

　しかし"気をつけの姿勢"は体の機能の面から考えると、理想的な姿勢とは言えないと筆者は考えております。

　いや理想的とは言えないと言うよりも、悪い姿勢であると言った方がいいと思います。

　（このようなことを言うと日本の教育者を全て敵に回してしまいそうですが！）

　人の体は背骨（脊椎）の前に内臓と呼ばれる**臓器**[※65]を収めています。

　（図8参照）

第1章 才能とは何か？

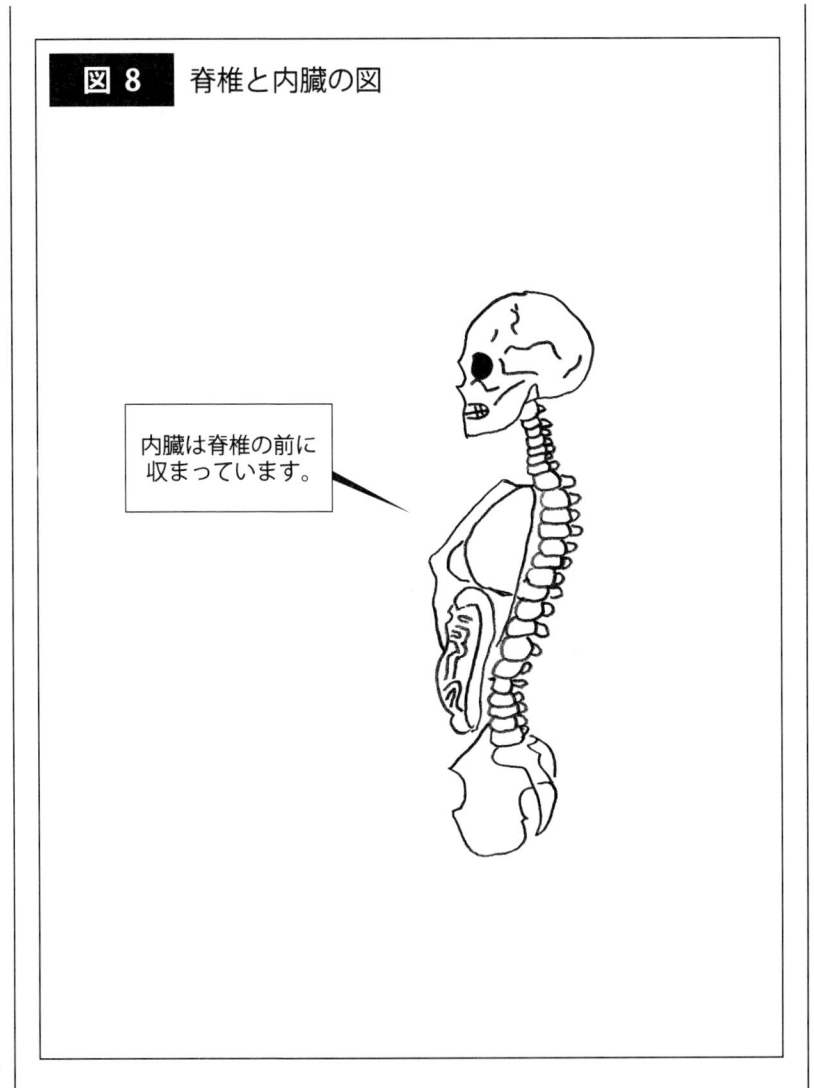

図8 脊椎と内臓の図

内臓は脊椎の前に
収まっています。

　内臓は全て生きていく上では必要不可欠な大切なものですが、きおつけの姿勢をとった時のように背骨（脊椎）が真直ぐだと、（図9）のように内臓が前に飛び出しそうになってボディバランスが悪くなります。

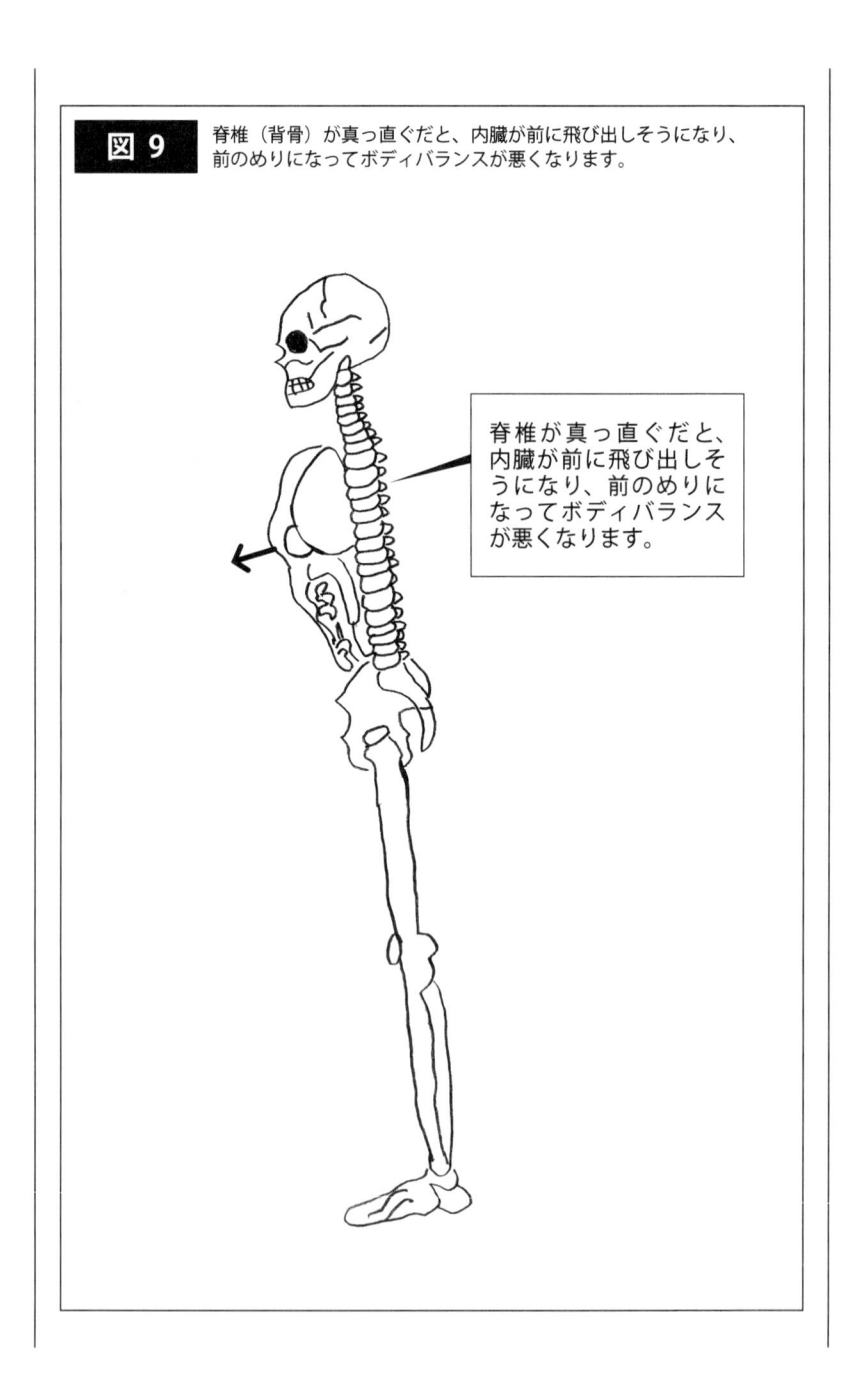

図9 脊椎（背骨）が真っ直ぐだと、内臓が前に飛び出しそうになり、前のめりになってボディバランスが悪くなります。

> 脊椎が真っ直ぐだと、内臓が前に飛び出しそうになり、前のめりになってボディバランスが悪くなります。

ボディバランスが悪くなると、高いパフォーマンスを発揮することが出来ません。

また脊椎が真っ直ぐだと、ボディバランスが悪くなるだけではなく、内臓が圧迫されてストレスを受けやすくなります。

生命活動に必要不可欠な内臓がストレスを受けると、健康面でも様々な問題が発生する可能性があります。

競技能力を向上させる上でも健康を維持する上でも、背骨（脊椎）が真っ直ぐであることはよくないと思います。

背骨（脊椎）の中でも内臓が一番たくさん前にある胸椎が後方へ湾曲している（後湾している）と、内臓が前に飛び出しそうになることがなくきちんと収まります。
（図10参照）

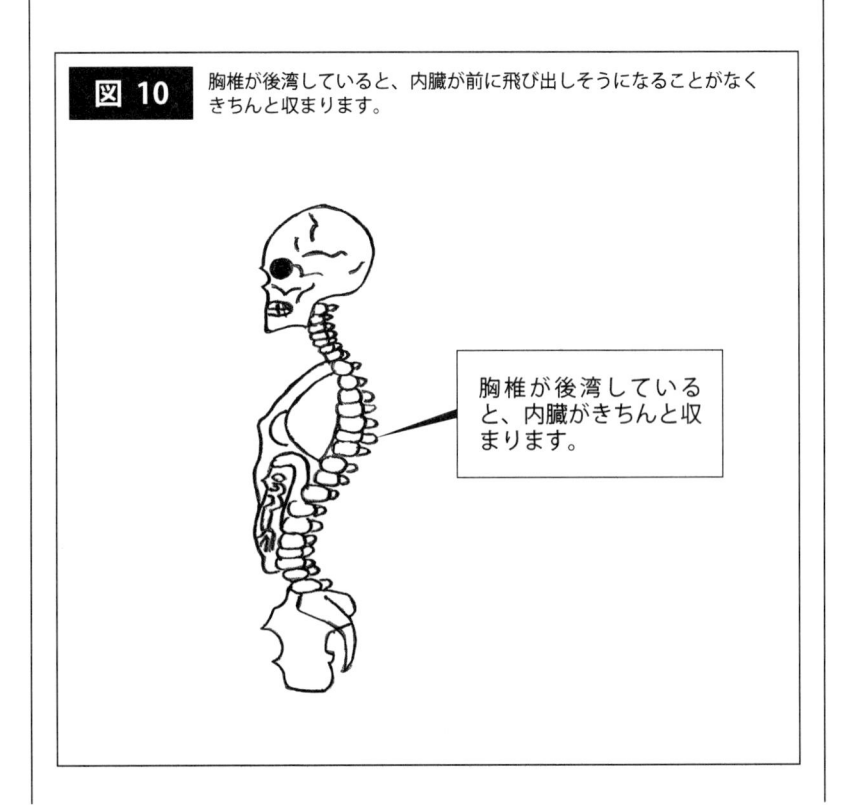

図 10　胸椎が後湾していると、内臓が前に飛び出しそうになることがなくきちんと収まります。

胸椎が後湾していると、内臓がきちんと収まります。

胸椎が後湾していることは脊椎（背骨）が生理湾曲する条件の1つです（図7を参照して下さい）が、胸椎が後湾して内臓が前に飛び出しそうになることがない（きちんと収まっている）と、ボディバランスが崩れにくくなります。（図11参照）

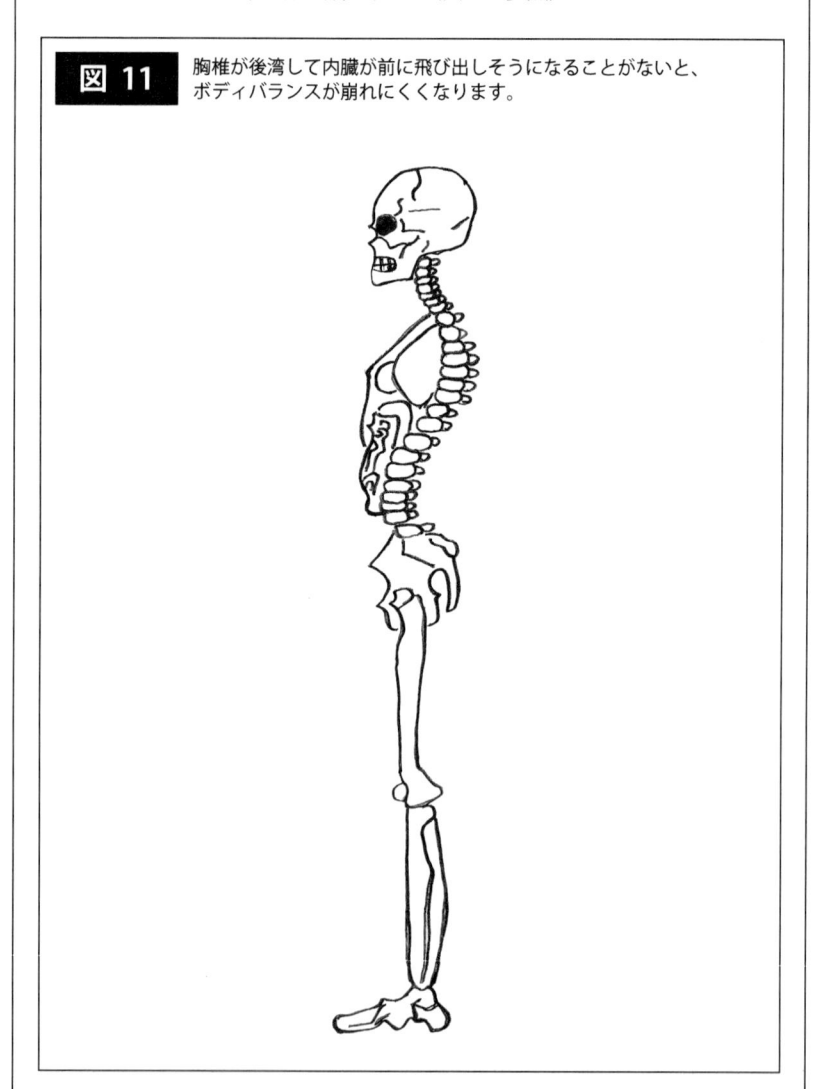

図 11 胸椎が後湾して内臓が前に飛び出しそうになることがないと、ボディバランスが崩れにくくなります。

第 1 章 才能とは何か？

ボディバランスが崩れないと、高いパフォーマンスを発揮することが出来ます。
また胸椎が後湾していると、内臓が圧迫されてストレスを受けることがないので、健康を維持する上でもプラスに働くと思います。
（図12参照）

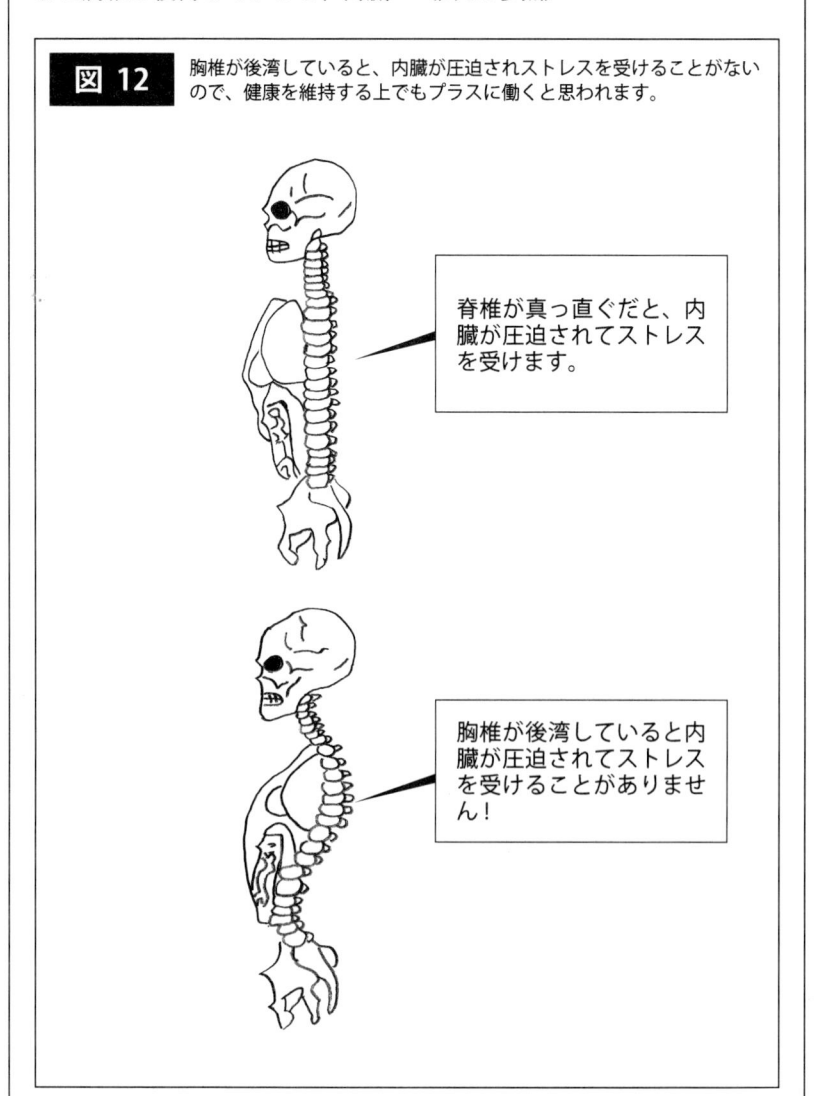

図 12　胸椎が後湾していると、内臓が圧迫されストレスを受けることがないので、健康を維持する上でもプラスに働くと思われます。

脊椎が真っ直ぐだと、内臓が圧迫されてストレスを受けます。

胸椎が後湾していると内臓が圧迫されてストレスを受けることがありません！

競技能力を向上させる上でも健康を維持する上でも、背骨（脊椎）は真っ直ぐではなく生理湾曲している（胸椎が後湾している）のが理想的であると筆者は考えています。

第2章　重心の位置とスピード

　脊椎が生理湾曲していてしなやかに動く状態であれば、とても高いパフォーマンスを発揮することが出来ることがお分かり頂けたことだと思いますが、生理湾曲しているだけではなく重心の位置が高くなるような脊椎の形状をしていると、更に速く走ることが出来ます。

　（脊椎が生理湾曲していてしなやかに動くだけでもかなり速く走ることが出来ますが、更に重心の位置が高くなるような脊椎の形状をしていると、もっと速く走ることが出来ます。）

　重心とはかなり大雑把に言えば、**物体剛体**[※66]の中心と言うことになるようですが、

　人の体の重心と言うことになると、（図13）のように一ヵ所を支えた場合、体がひっくり返らず**均衡**[※67]を保てる場所を指すと筆者は考えています。

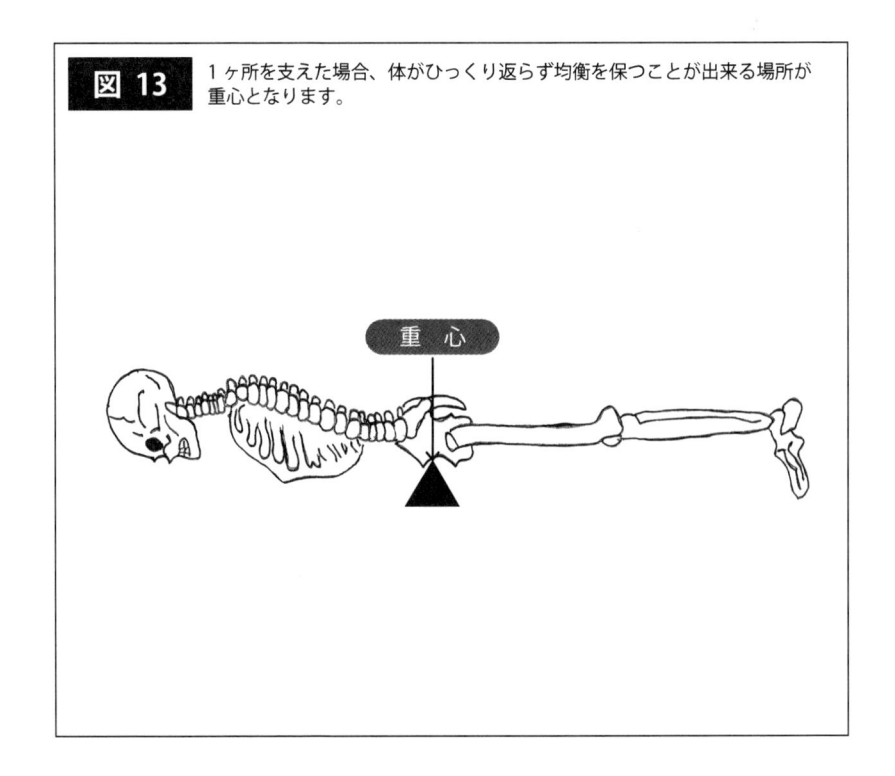

図 13　1ヶ所を支えた場合、体がひっくり返らず均衡を保つことが出来る場所が重心となります。

(人間が実際にこの図のような姿勢をとることはまず無理だと思いますが、人の体の重心を分かり易く説明したらこのような感じになると思います。)
　この重心の位置が高くなればなるほど、速く走る上ではとても有利になります。

★柔道のように組み合う格闘技では重心の位置が高いと、相手にふところに入られて担がれ易くなるので不利になる場合がありますが、それ以外の競技では重心の位置は高い方がスピードを挙げやすくなるので有利になると思います。

　スプリント動作で足が地面に降ろされた（接地された）時は体が少し前傾していますが、この時重心の位置が高ければ高いほど足の接地位置（足が降ろされた位置）を重心が超えやすくなります。（図14参照）

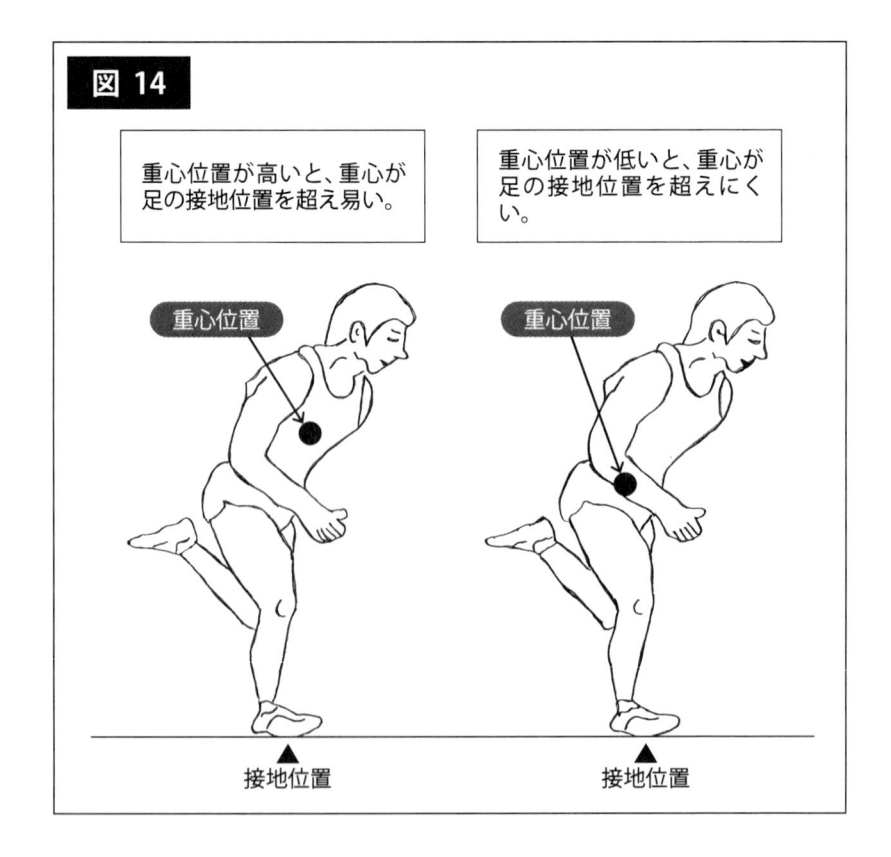

図14

重心位置が高いと、重心が足の接地位置を超え易い。

重心位置が低いと、重心が足の接地位置を超えにくい。

重心位置

重心位置

接地位置

接地位置

★足が接地された時の体の前傾角度はスタート直後が一番深くてスピードが上がるに従い少しずつ浅くなっていきますが、ゴール付近でも接地された時は体はわずかながら前傾しています。スプリント走の後半は接地された後接地された足（軸足）が後方へスイングされる（軸足の股関節が伸展される）時に体が一瞬起き上がる（図15参照）ので、一見体が起き上がっているように見えますが、スプリント走の後半でも接地された時は体はわずかながら前傾しています。

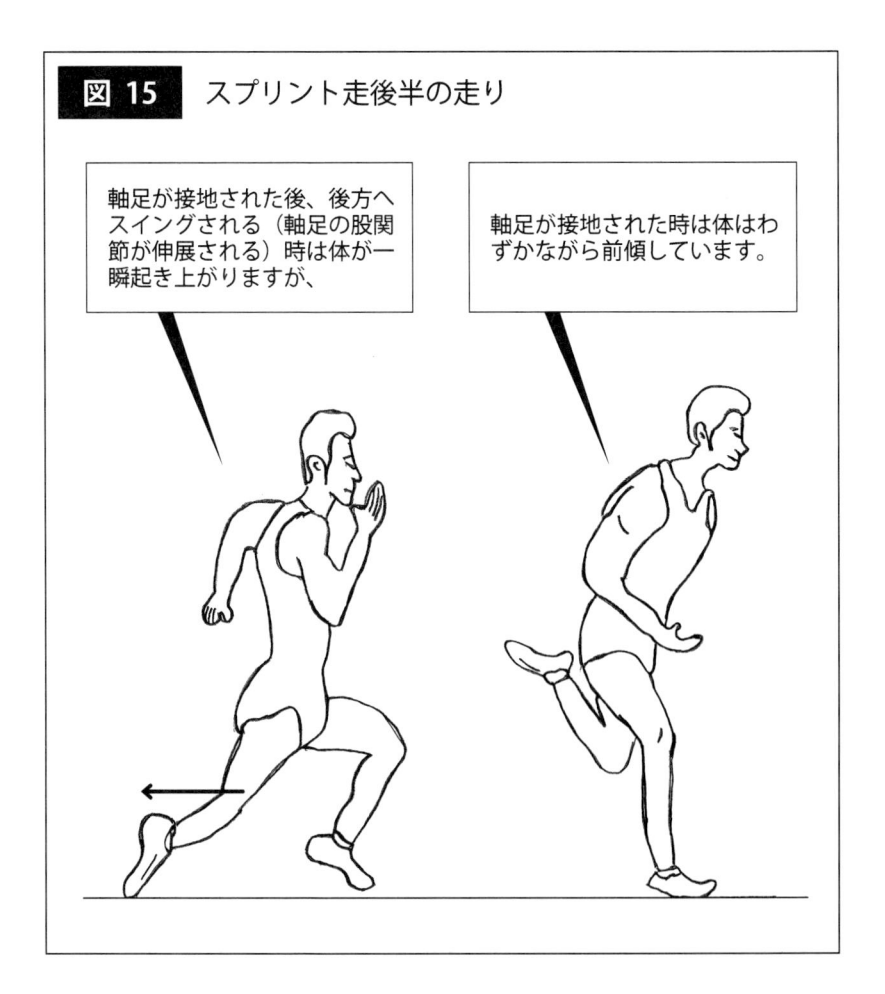

図15　スプリント走後半の走り

軸足が接地された後、後方へスイングされる（軸足の股関節が伸展される）時は体が一瞬起き上がりますが、

軸足が接地された時は体はわずかながら前傾しています。

足の接地位置を重心が超え易ければ、それだけ速く走ることが出来ます。

　(足の接地位置を重心が超え易ければ、速く走ることが出来るだけではなく、走った時足の筋肉を消耗しにくくなります。)

　重心の高さが足の速さを決めてしまうと言っても過言ではありませんが、脊椎がどのような形状をしていると、重心の位置が高くなるのでしょうか？

　脊椎は湾曲が大きい場所の方が湾曲が小さい場所や湾曲がない場所よりも（高さ辺りの）**質量**[68]が大きくなります。

　(図16参照)

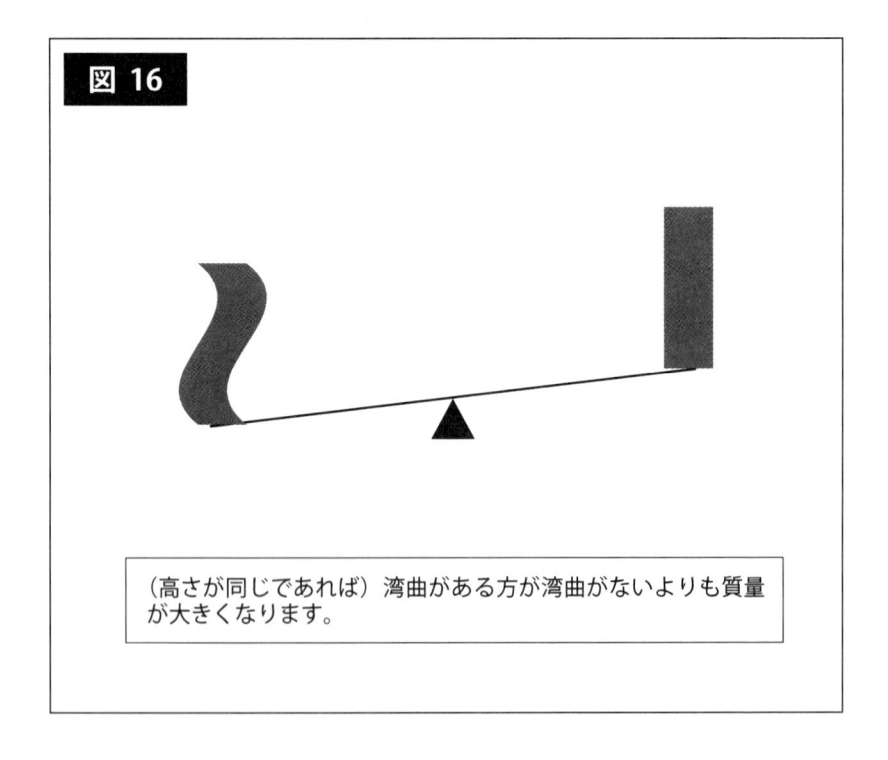

図16

（高さが同じであれば）湾曲がある方が湾曲がないよりも質量が大きくなります。

だから脊椎の上部である頸椎や胸椎の湾曲が脊椎の下部である腰椎の湾曲よりも大きい人の方が頸椎や胸椎（脊椎の上部）の湾曲が腰椎（脊椎の下部）の湾曲よりも小さい人よりも重心の位置は高くなります。

（図17）を参照して頂けますと分かり易いと思います。

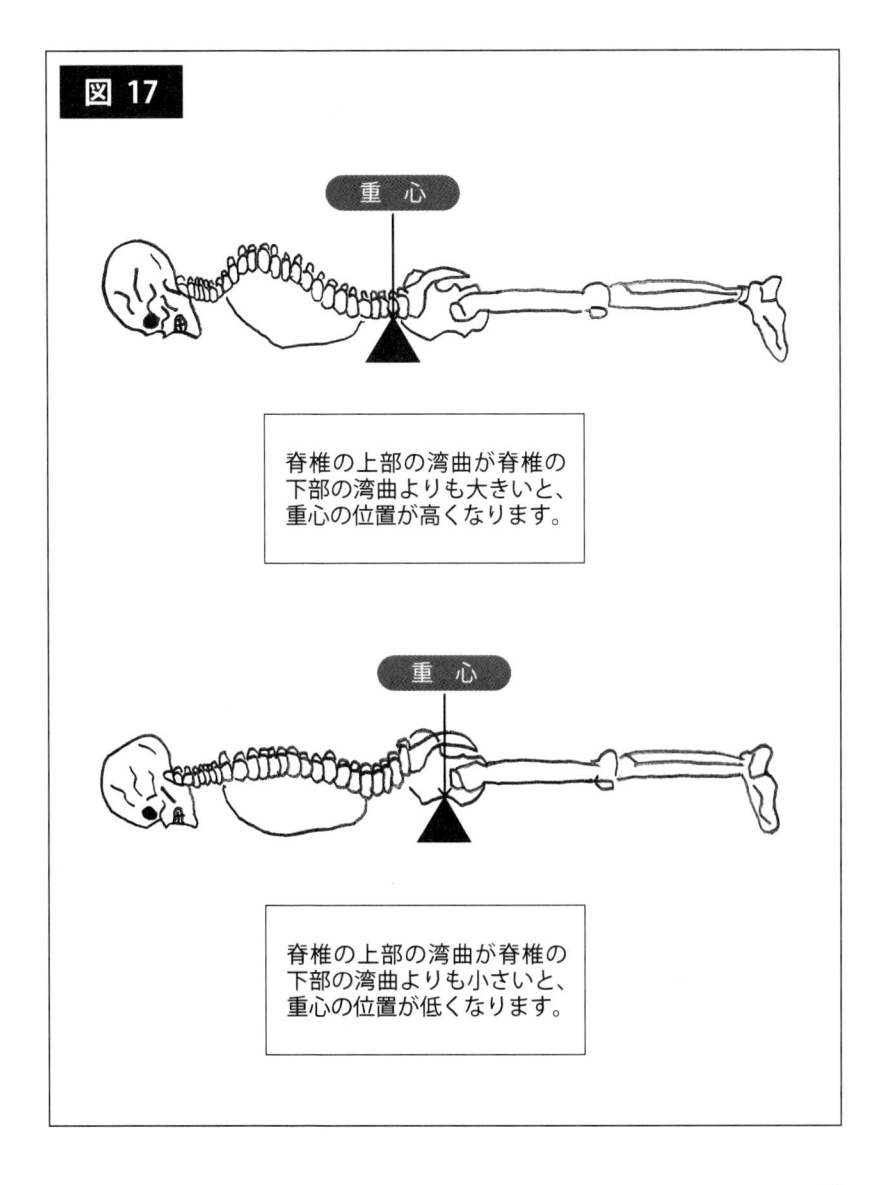

図17

重心

脊椎の上部の湾曲が脊椎の下部の湾曲よりも大きいと、重心の位置が高くなります。

重心

脊椎の上部の湾曲が脊椎の下部の湾曲よりも小さいと、重心の位置が低くなります。

また"頸椎や胸椎（脊椎の上部）の湾曲"が"腰椎（脊椎の下部）の湾曲"よりも大きいだけではなく、胸椎の湾曲位置が高いと重心の位置は更に高くなります。

（図18参照）

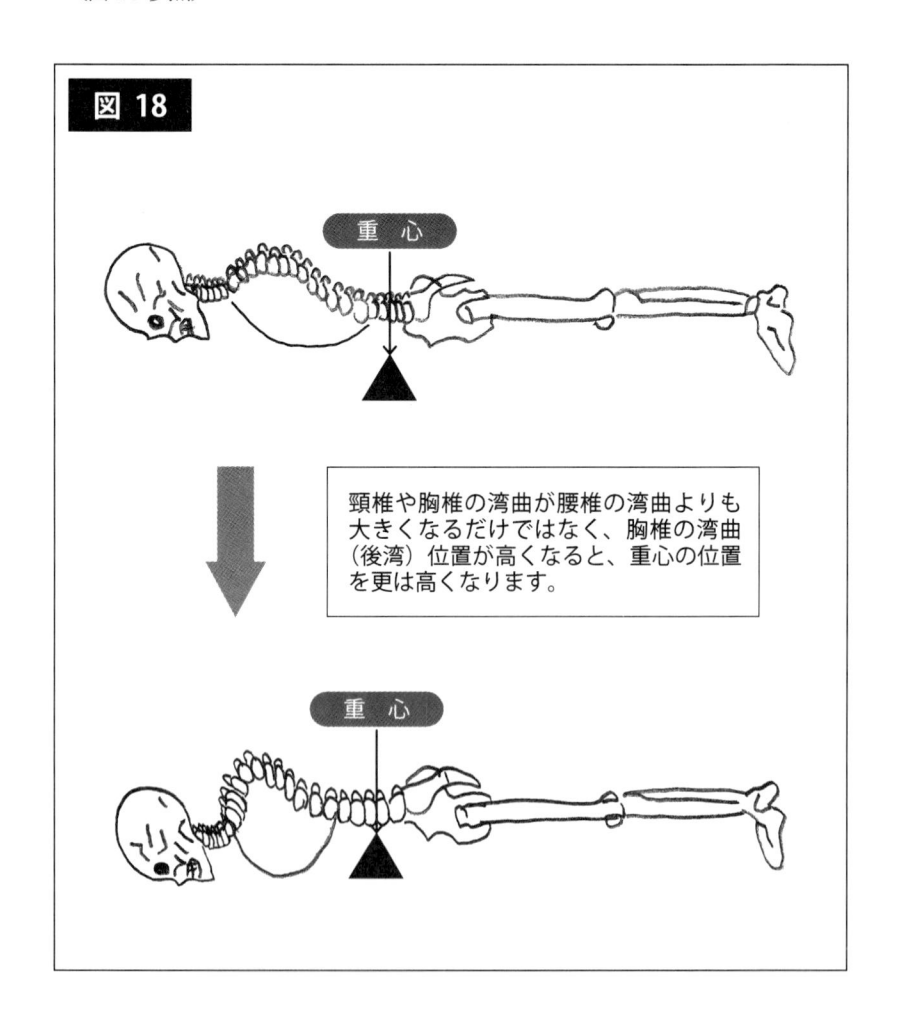

図 18

頸椎や胸椎の湾曲が腰椎の湾曲よりも大きくなるだけではなく、胸椎の湾曲（後湾）位置が高くなると、重心の位置を更は高くなります。

　頸椎や胸椎の湾曲の大きさ ＞ 腰椎の湾曲の大きさ ＋ 胸椎の湾曲位置が高い
⇒重心の位置が高い⇒速く走れる
　と言うことになります。

☆陸上短距離選手に下半身の筋力を強化させるトレーナーをよく見かけますが、下半身の筋肉が発達すると、重心の位置が低くなる為、足が遅くなることはあっても速くなることはないと思います。(図19参照)

【下半身の筋力を強化すると、地面を強く蹴ることが出来るので一見足が速くなりそうです。しかしスプリント動作では足が地面に接地されている(ついている)時間が0.1秒以内ととても短い為に足から出される**出力**[※69]を地面に伝えることが出来ないことを考えると、下半身の筋力が強くなっても速く走る上ではメリットはほとんどないと思われます。ただし**肉離れ**[※70]などの傷害を予防する為には、下半身の筋力を強化することは有効だと思われます。】

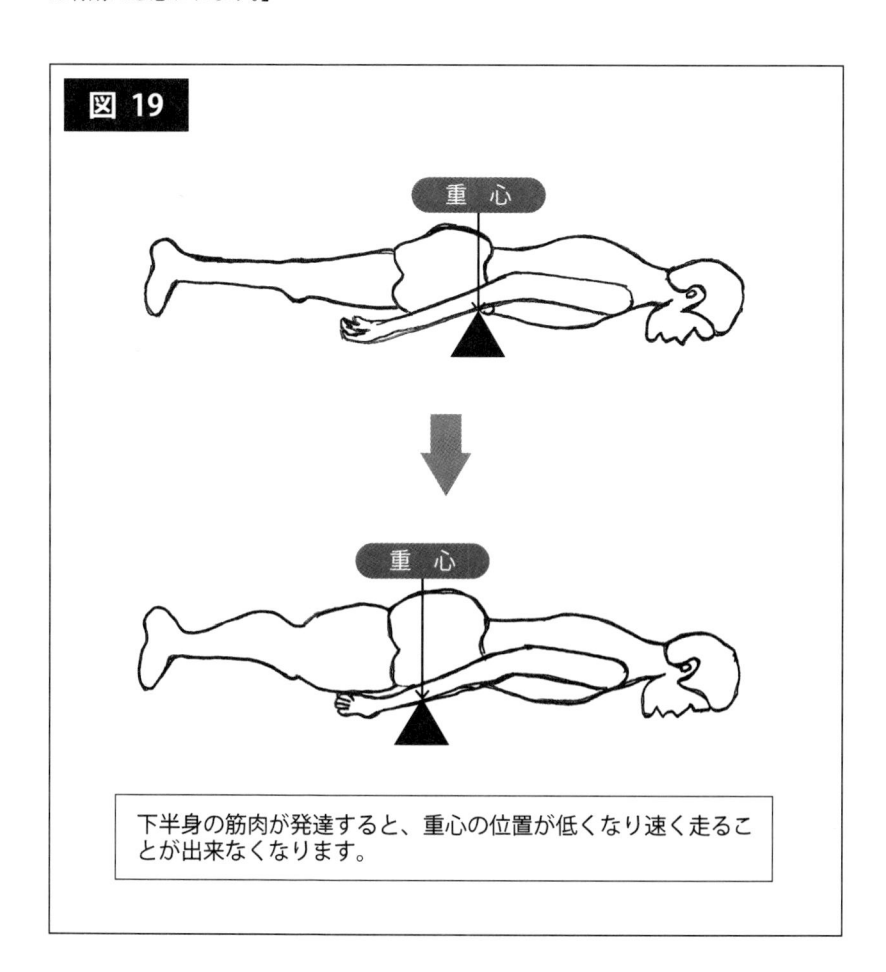

図 19

重 心

重 心

下半身の筋肉が発達すると、重心の位置が低くなり速く走ることが出来なくなります。

☆脊椎の椎骨が後方へ傾いて（後傾して）積み上げられている人が結構いると思います。（結構いると言うか、日本人のほとんどがそうだと思います。）脊椎の椎骨が後傾して積み上げられていると、重心が前に向かいにくくなるので、速く走ることは出来ません。（図20参照）

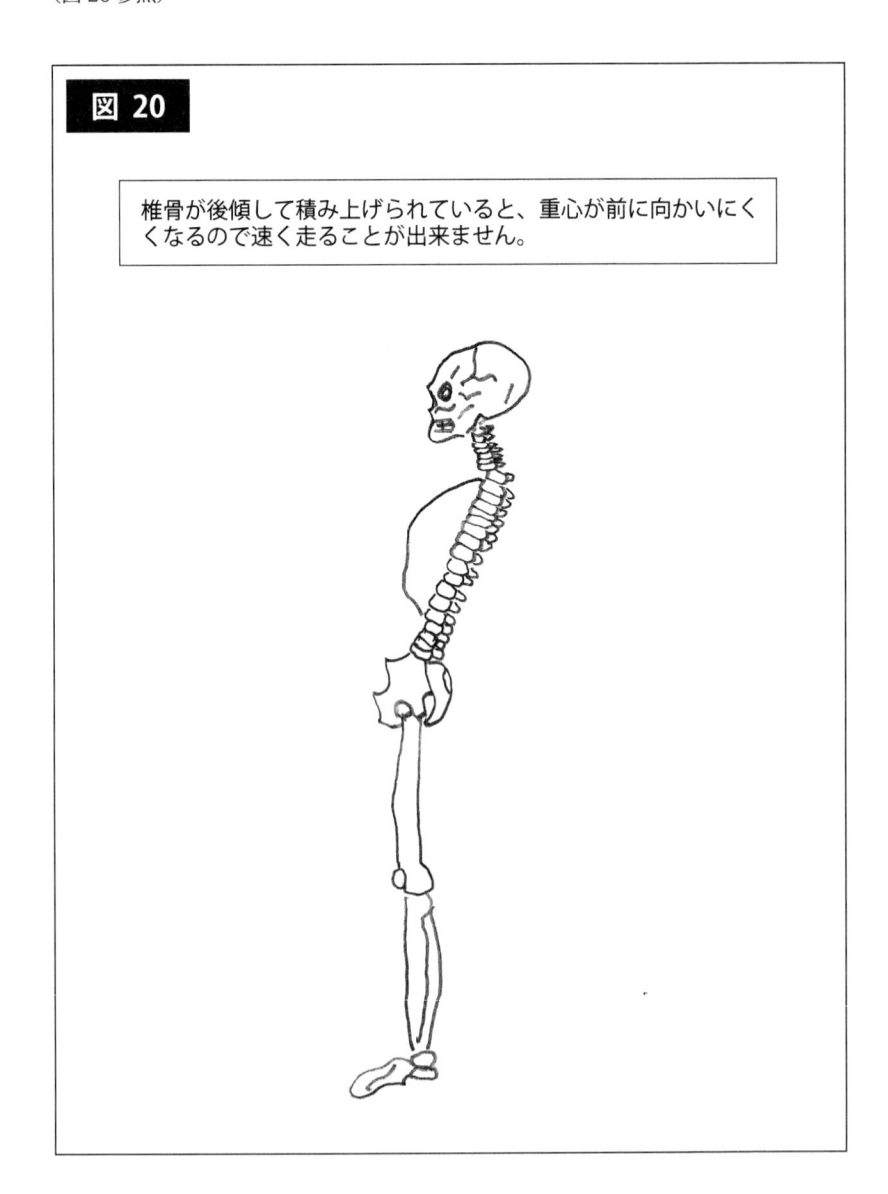

図20

椎骨が後傾して積み上げられていると、重心が前に向かいにくくなるので速く走ることが出来ません。

コラム：13

猫背だと速く走ることが出来るのか？

『胸椎がしっかり湾曲（後湾）していると重心の位置が高くなるので、速く走ることが出来る』

と言うお話をさせて頂きますと、

『じゃー、ようは猫背だと速く走ることが出来ると言うことか！』

と思われる方がいるかもしれません。

猫背の定義がはっきりしていないので一概には言えませんが、確かに"猫背＝胸椎の後湾"と言うことであれば、そのようになると思います。

しかし日本人で胸椎が本当に後湾している人はほとんどいないと思います。

『あの人は猫背だ！』と言われる人のほとんどが胸椎が後湾しているのではなく、胸椎が前に折れている，つまり前屈しているのだと筆者は考えています。

（図21参照）

図 21

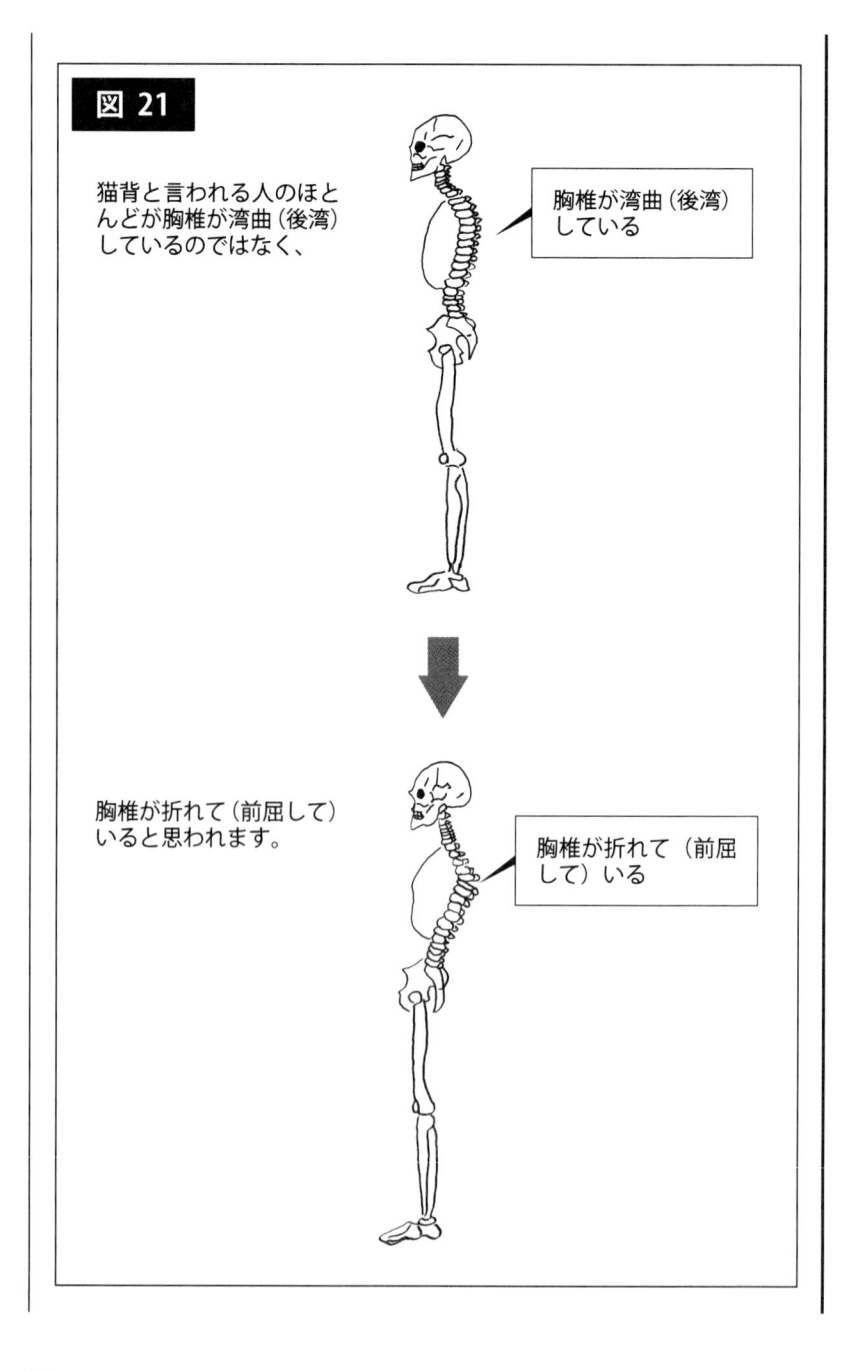

猫背と言われる人のほとんどが胸椎が湾曲（後湾）しているのではなく、

胸椎が湾曲（後湾）している

胸椎が折れて（前屈して）いると思われます。

胸椎が折れて（前屈して）いる

このような人は胸椎を後湾させることが出来ず体が後方へ倒れそうになるので、（本人は無意識の内に）胸椎のどこかを前屈させる（前に折る）ことにより体が後方へ倒れるのを回避している場合が多いと思います。

　（図 22 参照）

図22

胸椎を湾曲(後湾)させる事が出来ず、胸椎が真っ直ぐだと、後方へ倒れそうになるので、

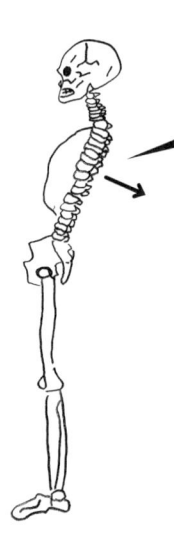

胸椎を湾曲(後湾)させることが出来ず、胸椎が真っ直ぐだと、後方へ倒れそうになります。

無意識の内に胸椎を前に折る(前屈させる)ことにより、体が後方へ倒れるのを回避します。

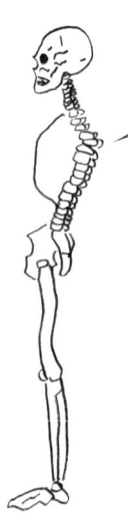

胸椎を無意識の内に前に折る(前屈させる)ことにより、体が後方へ倒れるのを回避します。

高齢の方は猫背の方が結構いると思われますが、そのほとんどがこのパターンだと筆者は考えています。
　胸椎が前に折れて（前屈して）いると、腰椎を前湾させる（脊椎を生理湾曲させる）ことが出来ず、重心が後方へ残り易くなる為、短距離走を行う上では不利になります（猫背のお年寄りの体型が速く走れる体型ではありません。）し、それ以外でも基本的には運動を行う上では不利になります。

　（胸椎が真っ直ぐでも、腰椎を前湾させることが出来ず重心が後方へ残り易くなるので、短距離走を行う上では不利になるしそれ以外でも運動を行う上では不利になります。）

　（図 23 参照）

図23

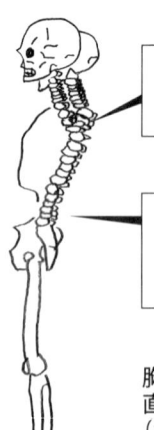

胸椎が後湾（湾曲）していると、

腰椎を折り返すように前湾（湾曲）させることが出来るので、重心が後方へ残ることがありません。

胸椎が後湾（湾曲）していると、腰椎を折り返すように前湾（湾曲）させることが出来るので、重心が後方へ残ることがありません。

胸椎が折れて（前屈して）いたり真っ直ぐだと、

腰椎を折り返すように前湾（湾曲）させることが出来ないので、重心が後方へ残り易くなります。

胸椎が折れて（前屈して）いたり真っ直ぐだと、腰椎を折り返すように前湾（湾曲）させることが出来ないので、重心が後方へ残り易くなり走ったり運動を行う上では不利になります。

コーヒータイム ❾

効率が悪い走り方を練習量と根性でカバーしようとする日本のマラソンランナー

　日本のマラソンランナー（駅伝の選手もそうだと思います。）の走りを見ていつも感じることですが、彼（彼女）らは重心の位置がとても低くて、足を接地した時重心が足の接地位置よりもかなり後方に残っています。

　この為労力（筋力）をたくさん使わなければ、体を推進させることが出来ず、エネルギーを無駄に消耗しています。

　一方アフリカのマラソンランナーは重心の位置が高いので、足を接地した時重心が足の接地位置よりも後方に残ることがありません。

　この為少ない労力（筋力）で体を推進させることが可能で、効率よく走ることが出来ます。

　（車に例えると、日本のマラソンランナーは燃費が悪い車で、アフリカのマラソンランナーは燃費がいい車と言う感じです。）

　日本のマラソンランナーは効率が悪い走りを練習量や根性でカバーしようとしている感じがしますが、効率の悪い走りを練習量や根性ではカバーすることが出来ないことは、マラソンの国際大会で日本のマラソンランナーがアフリカのマラソンランナーに置き去りにされるシーンを見れば一目瞭然です。

　脊椎の形状の差は練習量や根性ではカバーすることは出来ないのです。

　短距離走の選手だけではなく長距離走の選手も脊椎の形状の影響を強く受けると思います。

　（"効率よく走る"と言えば、"フォームの改良"を思い浮かべる方がいるかもしれませんが、フォームを改良しても脊椎の形状が走るのに適していなければ、大して効率よく走ることは出来ないと思います。）

第３章　重心の位置とジャンプ力

　また重心の位置が高いと、速く走る上で有利になるだけではなく高く跳ぶ上でも有利になると筆者は考えています。
　(重心の位置が高くなると速く走る上で有利になることは数多くのデータをとって実証済みです。しかし重心の位置が高くなると高く跳ぶ上で有利になることに関してはまだ被験者数が少ない為絶対性はうたえません。)
　重心の位置が高ければ、ジャンプ動作で離地する（足が床や地面から離れることを"離地する"と言います。）時の重心の位置も当然高くなります。
（図24参照）

図24

重心の位置が高ければ　　　　離地する時の重心の位置も
　　　　　　　　　　　　　　高くなります。

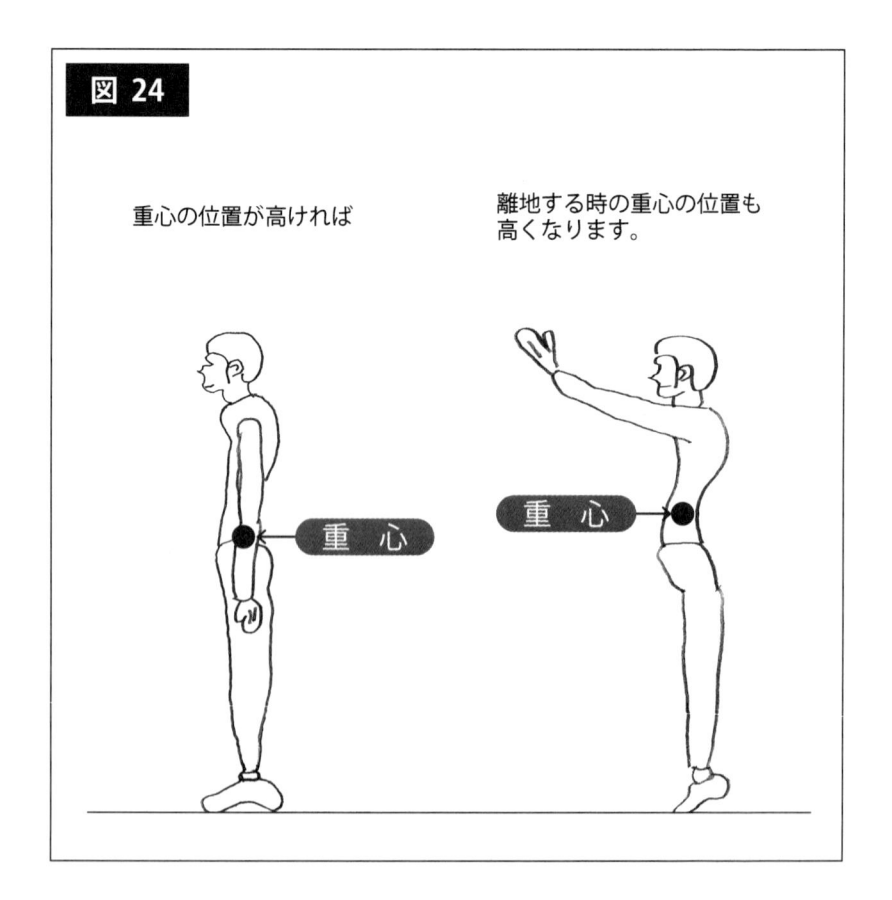

重心　　　　　　　　　　重心

一方跳び上がる前にしゃがんだ時の重心の高さは脊椎の形状の影響をほとんど受けずほぼ皆同じ位ですので（図25参照）、

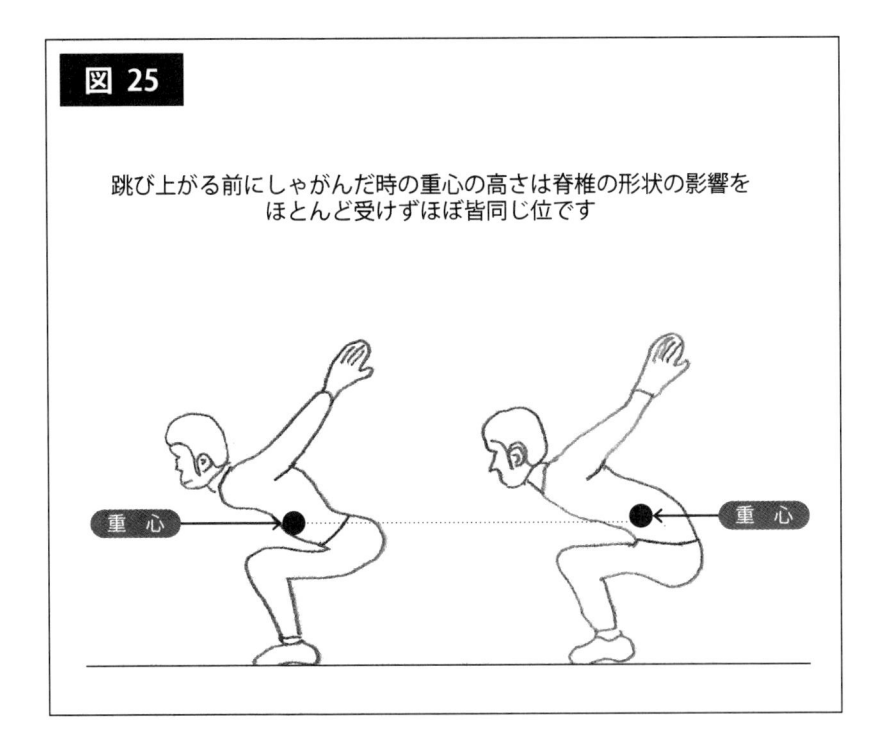

図25

跳び上がる前にしゃがんだ時の重心の高さは脊椎の形状の影響を
ほとんど受けずほぼ皆同じ位です

　重心の位置が高ければ、しゃがんでから離地するまでの俗に言うプレジャンプ動作での重心の上方への移動距離（上昇距離）を長くすることが出来ます。
　プレジャンプ動作での重心の上方への移動距離を長くすることが出来ると、重心を上昇させるエネルギーを大きくすることが出来ます。
　重心を上昇させるエネルギーを大きくすることが出来れば、それだけ高く跳ぶことが出来ます。
　（図26参照）

図 26

重心の位置が高いと、プレジャンプ動作での重心の上方への移動距離を長くすることが出来るので、高く跳ぶことが出来ます。

重心の位置が低いと、プレジャンプ動作での重心の上方への移動距離を長くすることが出来ないので、高く跳ぶことが出来ません。

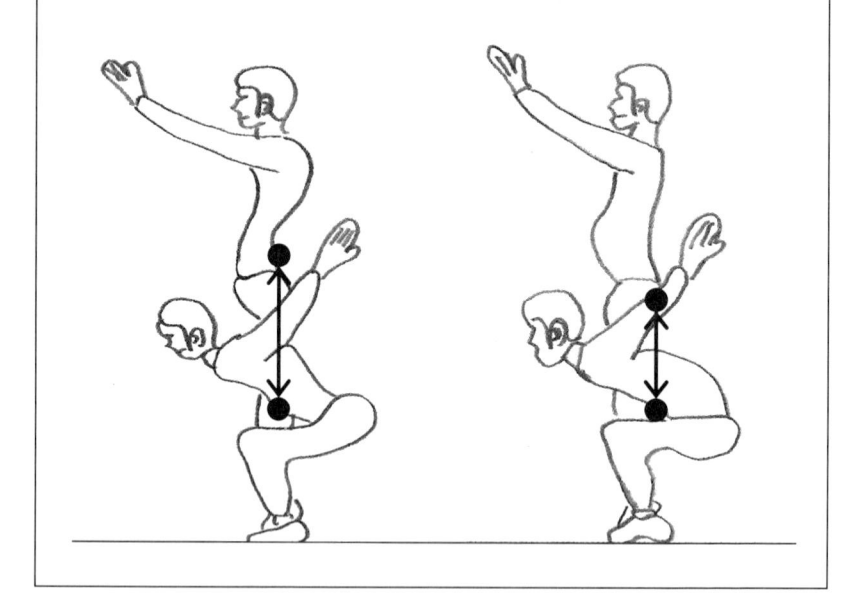

　ジャンプ力は下半身の**スピード筋力**[※71]で決まると考え、ジャンプ力を向上させる為に下半身のスピード筋力を強化するトレーニング（**プライオメトリクス**[※72]など）を行っている人がいます。

　しかし下半身のスピード筋力を強化しても、重心の位置が低ければ（重心の位置が低くなるような脊椎をしていれば）ジャンプ力は大して向上しないと思います。

　高く跳ぶことが出来るかどうかも脊椎の形状（重心の高さ）でほとんどが決まってしまうと言えます。

第3章 重心の位置とジャンプ力

★ NBA や ABA[73] のトップ選手の中には非常に高く跳び上がりダンクシュートを行う選手がいます。このような選手はみな床をほとんど蹴らず（下半身のスピード筋力をほとんど使わず）に跳び上がります。その代わりプレジャンプ動作での重心の移動距離はとても長いと思います。

"アスリートが発揮することが出来る能力の高さは脊椎の形状や状態でほとんど決まってしまう" というのが筆者がたどり着いた結論です。
"才能がある選手"="脊椎の形状や状態が運動するのに適している選手" と言うことになります。

最新レポート

才能を獲得し遺伝子を超える唯一の方法、チューニング

　筆者は脊椎の形状や状態が競技能力の高さのほとんどを決めてしまい、"才能=脊椎の形状や状態" であると言うことが分かってから、脊椎の形状や状態を改善する方法を10年以上も模索してきました。
　生理湾曲していてしなやかに動き、上部の湾曲が下部の湾曲よりも大きく、胸椎の湾曲位置が高い脊椎を後天的に手に入れるにはどうしたらいいのか？
　この疑問への回答を求めて筆者は様々なことを試してきました。
　脊椎を生理湾曲させようと、頸椎や胸椎や腰椎を湾曲させるストレッチや PNF や体操を徹底的に行った時期がありました。

　一般的に行われているストレッチや PNF や体操は勿論行いましたが、それ以外でも色々と自分で考案してやってみました。
　私自身の体でも試したし、複数の弟子やクライアント様にもやって頂きました。
　しかしストレッチや PNF や体操を行っても脊椎を湾曲させることは出来ませんでした。
　『脊椎が湾曲している』とは脊椎を構成している1つ1つの椎骨が少しずつ角度を変えて**弧を描いている**[74] 状態ですが、
　（図27参照）

図 27

『脊椎が湾曲している』とは脊椎を構成している1つ1つの椎骨が少しずつ角度を変えて弧を描いている状態です。

ストレッチや体操で脊椎の湾曲を作ろうとしたら、脊椎は湾曲されずに椎骨の**結合部分**[※75]がどこか1ヵ所だけ折れて**屈曲**されてしまいました[※76]。
（図28参照）

図 28

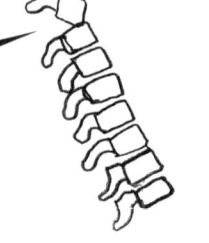

折れている

ストレッチや体操で脊椎の湾曲を作ろうとすれば、脊椎は湾曲されずに椎骨の結合部分がどこか1ヵ所だけ折れて屈曲されてしまいます。

テレビで器械体操やフィギュアスケートの選手が体を後方へ大きく反らしているシーンをよく目にします。

彼女達（彼ら）の体はきれいな弧を描いているように一見見えます。

しかしよく見ると彼女達（彼ら）の脊椎は湾曲しているのではなく屈曲しているような感じを受けます。

彼女達（彼ら）は体を後方へそらすストレッチや体操を繰り返し行うことにより体を柔らかくした感じがしますが、ストレッチや体操では脊椎を湾曲させることは出来ないと思います。

【彼女達や彼らの脊椎を直接触って確認した訳ではありませんので推測の域を脱しませんが、動きを見る限り彼女達（彼ら）の脊椎は湾曲しているようには見えません。】

筆者はストレッチやPNFや体操では脊椎を湾曲させることが出来ないという結論に達しました。

★あるトレーナーの方がテレビ番組で脊椎の生理湾曲を作るストレッチや体操を本人も実演しながら指導していましたが、本人の脊椎は生理湾曲とは程遠い形状をしていました。

筆者はトレーニングも色々試してみました。

体幹のトレーニングをはじめ色々なトレーニングをやってみましたが、脊椎を生理湾曲させることは出来ませんでした。

同じことを複数の弟子やクライアント様の体でも試してみましたが、結果は同じで脊椎を湾曲させることは出来ませんでした。

トレーニングでは脊椎を生理湾曲させることは出来ないことが分かりました。

次に試したのが整体的な骨格矯正でした。

『**整体的な骨格矯正**[※77]を行えば、脊椎の形状を変えることが出来るのではないか？』

と筆者は考え、整体的な骨格矯正も色々試してみましたが、やはりダメでした。

様々な人に色々な骨格矯正を行ってみましたが、結局ダメでした。

骨格の矯正を行うと、骨格の形状を一時的には少しだけ変えることが出来ましたが、時間が経過すると骨格の形状は元に戻ってしまいました。

筆者は骨格矯正では脊椎を生理湾曲させることが出来ないという結論に達しました。

ストレッチやPNFや体操でもダメ！

トレーニングでもダメ！

骨格矯正でも無理！

となると、どうしたらいいのか？どうしたら、脊椎を生理湾曲させてしなやかに動く状態にすることが出来るのだろうか？

更には頸椎や胸椎の湾曲を腰椎の湾曲に対して大きくしたり、胸椎の湾曲位置を上に挙げたりするにはどうしたらいいのだろうか？

筆者は長年試行錯誤を繰り返した末にあることに気が付きました。

人間（動物もそうかもしれません）の頭の中には人体の見取り図のような物があり、それにより脊椎の形状や状態がコントロールされていて（決まってしまい）、その見取り図のようなものを書き換えると、脊椎の形状や状態を変えることが出来ることが長年の研究により筆者には分かってきました。

☆足が速い親から生まれた子供は足が速くなる傾向がありますが、それはこの見取り図のようなものが親から子に遺伝し結果的に速く走るのに適した脊椎が親から子に遺伝するからではないかと筆者は考えています。

頭蓋骨を調整しこの見取り図のようなものを書き換えることにより脊椎の形状や状態を変えることを筆者は"チューニング"と呼んでおりますが、筆者は現在このチューニングを行う事により選手の脊椎の改造に取り組んでおります。

☆整体で矯正を行い脊椎の形状を変えても、時間の経過とともに脊椎が元の形状に戻ってしまったと言う経験をお持ちの方は結構いるのではないかと思います。なぜそのようなことが起こるかと言えば、頭の中にある見取り図のようなものにより脊椎の形状がコントロールされていて、骨を直接触る（矯正する）ことにより脊椎の形状を変えても、脊椎が時間の経過とともに見取り図（のようなもの）どおりの形状に戻されてしまうからだと思います。脊椎の形状を本当に変えようと思えば、見取り図（のようなもの）自体を書き換える必要があると思います。

まだ被験者集数が少なくこの改善の効果の絶対性はうたえませんが、これを行うと生まれ持った才能を超え別人になったように競技能力を向上させることが出来ることが分かってきました。

チューニングにより競技能力が向上した例を下記にまとめてみましたので、ご覧ください。

チューニング調整を行うことにより、
1回の指導でスプリントタイムが改善された例1
★リアクションタイム無しでの機械計測

		走行距離(m)	走行タイム(秒)	歩数	短縮されたタイム(秒)	走行条件	備考
Aさん	チューニング実施前	30	4.13	16.9	0.17	タータン、無風、運動靴	チューニング実施後のタイムはチューニング調整を実施する前に1本走り、その後チューニング調整を1回行ってから1本走り、更にその後チューニングから1回行ってから走ったタイムになります。
	チューニング実施後	30	3.96	17.0		タータン、無風、運動靴	
Bさん	チューニング実施前	11	2.27	9.0	0.20	タータン、無風、運動靴	チューニング実施後のタイムはチューニング調整を実施する前に1本走り、その後チューニング調整を1回行ってから走ったタイムになります。
	チューニング実施後	11	2.07	8.3		タータン、無風、運動靴	
Cさん	チューニング実施前	30	4.03	16.0	0.17	タータン、少し追い風、スパイク	チューニング実施後のタイムはチューニング調整を実施する前に1本走り、その後チューニング調整を1回行ってから走ったタイムになります。
	チューニング実施後	30	3.86	16.0		タータン、無風、スパイク	
Dさん	チューニング実施前	50	6.13	24.0	0.17	タータン、わずかに追い風、スパイク	チューニング実施後のタイムはチューニング調整を実施する前に1本走り、その後チューニング調整を1回行ってから走ったタイムになります。
	チューニング実施後	50	5.96	23.8		タータン、わずかに追い風、スパイク	
Eさん	チューニング実施前	50	5.93	28.0	0.20	タータン、無風、スパイク	チューニング実施後のタイムはチューニング調整を実施する前に1本走り、その後チューニング調整を1回行ってから走ったタイムになります。
	チューニング実施後	50	5.73	27.2		タータン、無風、スパイク	
Fさん	チューニング実施前	50	5.96	27.1	0.20	タータン、回り風、スパイク	チューニング実施後のタイムはチューニング調整を実施する前に1本走り、その後チューニング調整を1回行ってから走ったタイムになります。
	チューニング実施後	50	5.76	27.1		タータン、回り風、スパイク	
Gさん	チューニング実施前	50	6.23	26.8	0.17	タータン、少し追い風、スパイク	チューニング実施後のタイムはチューニング調整を実施する前に1本走り、その後チューニング調整を1回行ってから1本走り、更にその後チューニング調整を1回行ってから走ったタイムになります。
	チューニング実施後	50	6.06	26.5		タータン、少し追い風、スパイク	

★走行タイムはリアクションタイム（ピストルが鳴ってから両足が離地するまでのタイム）を含まない、両足が離地してから（地面やタータンから離れてから）体幹がゴールマーカーの間に入るまでのタイムです。リアクションタイムと走行タイムを合わせたタイムは当然上記表の走行タイムよりも遅くなります（スプリントタイムを計測する場合はリアクションタイムと走行タイムを合わせたタイムを計測するのが一般的ですが、この計測方法だとタイムが速くなってもスタート時の反応がよくなったのか走り自体が速くなったのかが分からない為、筆者はリアクションタイム無しでの計測を行っています。）

★走行タイムはスプリントをデジタルビデオカメラで撮影し、百分の一秒単位のカウンターがついた動画ソフトで再生して出した機械計測でのタイムです。
（ストップウォッチでタイムを計測すると誤差が出て正確なタイムを把握できないので、この計測方法を採用しています。）

チューニング調整を行うことにより、
1回の指導でスプリントタイムが改善された例2

★リアクションタイム無しでの機械計測

		走行距離(m)	走行タイム(秒)	歩数	短縮されたタイム(秒)	走行条件	備考
Hさん	チューニング実施前	60	7.60	32.0	0.17	タータン、向かい風、スパイク	チューニング実施後のタイムはチューニング調整を実施する前に1本走り、その後チューニング調整を1回行ってから走ったタイムになります。
	チューニング実施後	60	7.43	31.8		タータン、向かい風、スパイク	
Iさん	チューニング実施前	50	6.40	28.0	0.24	芝、少し追い風、運動靴	チューニング実施後のタイムはチューニング調整を実施する前に1本走り、その後チューニング調整を1回行ってから1本走り、更にその後チューニング調整を1回行ってから走ったタイムになります。
	チューニング実施後	50	6.16	28.1		芝、少し追い風、運動靴	
Jさん	チューニング実施前	40	4.90	24.0	0.14	タータン、無風、スパイク	チューニング実施後のタイムはチューニング調整を実施する前に1本走り、その後チューニング調整を1回行ってから走ったタイムになります。
	チューニング実施後	40	4.76	24.0		タータン、無風、スパイク	
Kさん	チューニング実施前	50	5.83	27.2	0.17	タータン、少し追い風、スパイク	チューニング実施後のタイムはチューニング調整を実施する前に1本走り、その後チューニング調整を1回行ってから走ったタイムになります。
	チューニング実施後	50	5.66	27.1		タータン、少し追い風、スパイク	
Lさん	チューニング実施前	50	6.27	27.3	0.30	芝、無風、運動靴	チューニング実施後のタイムはチューニング調整を実施する前に1本走り、その後チューニング調整を1回行ってから走ったタイムになります。
	チューニング実施後	50	5.97	26.4		芝、無風、運動靴	
Mさん	チューニング実施前	13	2.13	9.5	0.33	芝、無風、運動靴	チューニング実施後のタイムはチューニング調整を実施する前に1本走り、その後チューニング調整を1回行ってから走ったタイムになります。
	チューニング実施後	13	1.80	8.0		芝、無風、運動靴	

★走行タイムはリアクションタイム（ピストルが鳴ってから両足が離地するまでのタイム）を含まない、両足が離地してから（地面やタータンから離れてから）体幹がゴールマーカーの間に入るまでのタイムです。リアクションタイムと走行タイムを合わせたタイムは当然上記表の走行タイムよりも遅くなります。
（スプリントタイムを計測する場合はリアクションタイムと走行タイムを合わせたタイムを計測するのが一般的ですが、この計測方法だとタイムが速くなってもスタート時の反応がよくなったのか走り自体が速くなったのかが分からない為、筆者はリアクションタイム無しでの計測を行っています。）

★走行タイムはスプリントをデジタルビデオカメラで撮影し、百分の一秒単位のカウンターがついた動画ソフトで再生して出した機械計測でのタイムです。

（ストップウォッチでタイムを計測すると誤差が出て正確なタイムを把握できないので、この計測方法を採用しています。）

チューニング調整を行うことにより、
1回の指導でジャンプ力（垂直跳び）が改善された例

		垂直跳び (cm)	上乗せされた高さ (cm)	備考
Aさん	チューニング実施前	60	8	チューニング実施後の高さはチューニング調整を実施する前に1回跳んで、その後チューニング調整を1回行ってから1回跳んで、更にその後チューニング調整を1回行ってから跳んだ高さになります。
	チューニング実施後	**68**		
Bさん	チューニング実施前	62	8	チューニング実施後の高さはチューニング調整を実施する前に1回跳んで、その後チューニング調整を1回行ってから1回跳んで、更にその後チューニング調整を1回行ってから跳んだ高さになります。
	チューニング実施後	**70**		
Cさん	チューニング実施前	60	14	チューニング実施後の高さはチューニング調整を実施する前に1回跳んで、その後チューニング調整を1回行ってから1回跳んで、更にその後チューニング調整を1回行ってから跳んだ高さになります。
	チューニング実施後	**74**		

チューニング実施前の画像とチューニング実施後の画像

○さんの40mスプリントの画像

チューニング実施前　スプリントタイム 4.83 秒

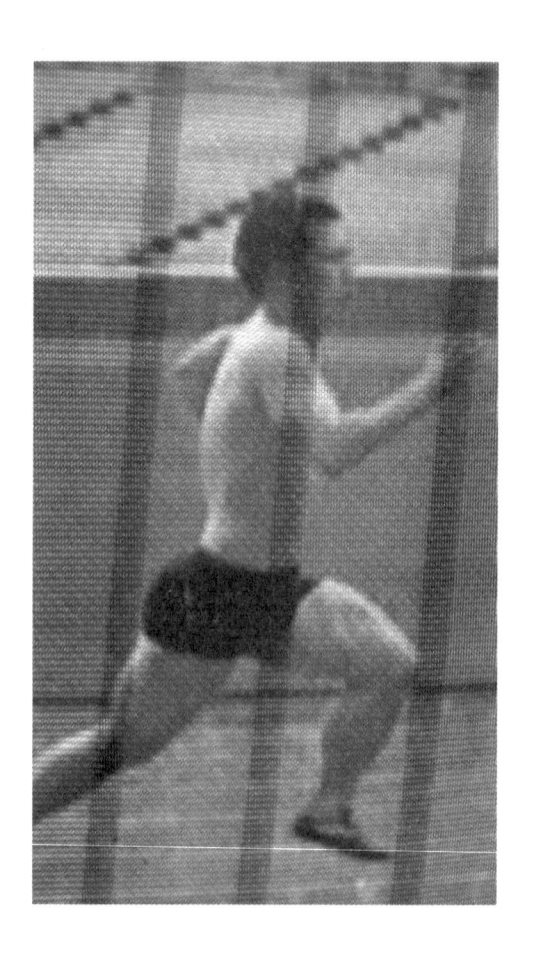

○さんの40mスプリントの画像

チューニング実施後　スプリントタイム 4.76 秒

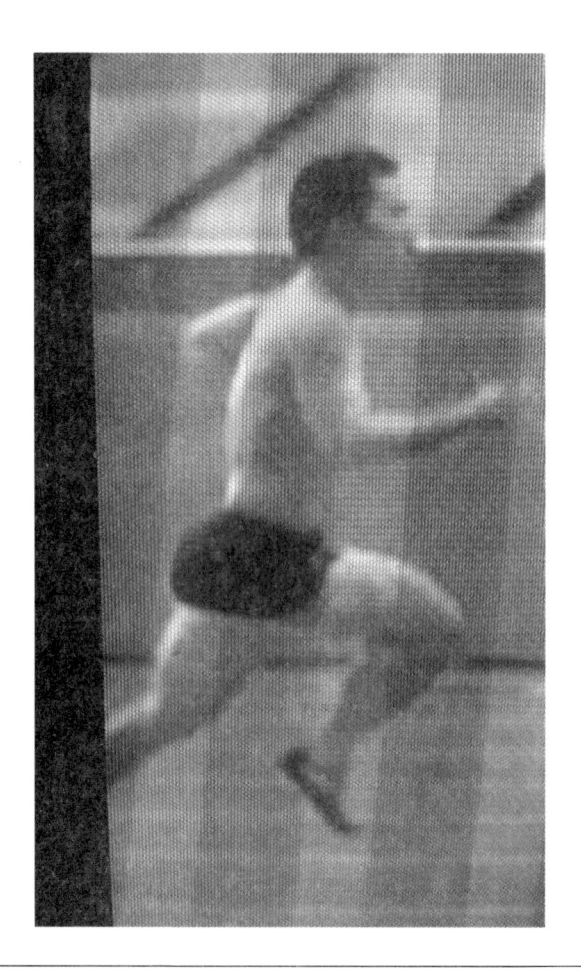

Pさんの30mスプリントの画像

チューニング実施前　スプリントタイム4.03秒

Pさんの30mスプリントの画像

チューニング実施後　スプリントタイム3.93秒

クライアントのOさんとPさんのスプリント画像を紹介させて頂きましたが、両者ともチューニング実施前よりもチューニング実施後の方が脊椎が上に上がり、脊椎の下部（腰椎）の湾曲よりも脊椎の上部（胸椎）の湾曲の方が大きくなっている事が分かります。ちなみにこの変化は1回のチューニングにより起こりました。この画像を見ると、人は変わる事が出来る事が分かります。

　競技能力を向上させること以外でもチューニングによりいくつかのことを行うことが出来ることが分かってきました。
　その1つとして骨格の歪みの改善があります。
　頭蓋骨の中にある情報（見取り図のような物）を書き換えると、脊椎や骨盤や肋骨などの歪みを改善出来ることが分かりました。
　チューニングにより脊椎や骨盤の歪みが改善され、腰痛が解消された事例があります。

　またこちらは被験者数が少ないので効果が確実に出るとは言い切れませんが、チューニングを行うことにより**アレルギー症状**[78]や**自己免疫疾患**[79]の症状が改善された事例があります。
　頭蓋骨を調整することにより**免疫**[80]をコントロールしていると言われる**視床下部**[81]へのストレスを軽減すると、免疫が正常に作動しないことにより起こると思われるアレルギー症状や自己免疫疾患の症状が改善されました。
　アレルギー症状の1つ言われる**花粉症**[82]の症状を持つ方や**現代医学**[83]をもってしても薬で症状を抑えることは出来ても根本的に治すことが出来ないと言われる**リウマチ**[84]の持病がある方に頭蓋骨調整を継続した所、薬の投与なしで症状に改善が見られました。
　まだ被験者数が少ない為、チューニング調整の効果の絶対性はうたえませんが、今後この調整が様々な分野で活躍する可能性があると筆者は考えています。

チューニングの実施方法に関しては特許出願済みです。
出願日　　　平成26年12月22日　／　識別番号　　515016145
出願番号　　特願2014-267258
出願人　　　相川宗大　／　発明者　　　相川宗大

語注

第一部　頑張って練習すると競技能力は向上しない！		
※1	制御	目的通り動くように、調節したりコントロールしたり制限したりすること。
※2	自己防衛本能による制御	怪我をするなど危険な状態に陥らないように、体が動きに制限をかけること。
※3	筋肉が収縮した状態	筋肉に力が入り、筋肉が短縮したり（短縮しなくても）短縮する方向へ向かっている状態。
※4	収縮させることが出来る筋肉の可動域	筋肉を短縮させることが出来る可動域。
※5	アドバンテージ	優位性。
※6	オーバーワーク	体を使い過ぎて、体が疲労から回復することが出来なくなっている状態。
※7	蛋白質	蛋白質はからだの組織である筋肉、内臓、骨、血液などをつくる主成分で、動物性食品では肉、魚介類、卵などがあり、植物性食品では大豆、豆製品などがあります。
※8	超回復	運動により損傷した筋肉が蛋白質をきちんと摂取して、休息期間をとることにより以前よりも強く大きく回復すること。
※9	運動生理学	運動によって身体にどのような変化が生じるのか、その現象と仕組みについての基礎を理解する学問。
※10	練習頻度	例えば1週間とか、ある期間の間に練習が何回行われるかを指す。

※11	筋肉痛		運動などにより筋肉を損傷し炎症を起こした時に生産される、刺激物質（ブラジキニン、ヒスタミン、セロトニン、プロスタグランジンなど）が筋膜を刺激することにより起こると言われる痛み。
※12	MAXレベル		最大限。
※13	リズム感を養うトレーニング		連続音の長さのパターンを体感・表現する能力を養うトレーニング。
※14	脊椎		背骨とも呼ばれ、24ヶの椎骨と仙骨により構成されている。
※15	平均強度		全部のデータを足し合わせて、データの数で割った値。
※16	スプリントタイムの短縮		短距離走のタイムを短縮すること。
※17	ピッチングの球速アップ		野球のピッチングで投げる球を速くすること。
※18	脂肪		脂肪酸とグリセリンのエステルのうち、常温で固体のもの。動物では皮下・筋肉・肝臓などに貯蔵され、エネルギー源となる。
※19	摂取カロリー		食べ物によって、体内に入ってくるエネルギーです。
※20	糖（炭水化物）		糖質は生きていく上で重要なエネルギー源で穀類、いも類、砂糖類などがあります。
※21	エネルギー源		動力源。

※22	血糖値が急激に上昇	血液中の糖の量が急激に増える。
※23	リバウンド	反動。
※24	食物繊維	人の消化酵素によって消化されない、食物に含まれている難消化性成分の総称。
※25	消化器官	食物を摂取して、これを分解・吸収し、血液中に送る働きをする器官。
※26	ウェイトトレーニング	バーベルやマシンを使って筋肉に負荷をかけ、筋力を強化するトレーニング。
※27	重心を固定し	重心を動かさずに固定する。
※28	身体操作的に	体の使い方として。
※29	ベンチプレス	ベンチ台に仰向けに寝て、バーベルを胸の上から真上（抗重力方向）へ挙上することにより、胸の筋肉（大胸筋）や肩の筋肉（三角筋）や腕の筋肉（上腕三頭筋）鍛えるトレーニング。
※30	ウォーミングアップ	準備運動。
※31	脅威となる	強い力や勢いで脅かされる。
※32	休憩	運動をやめて体を休めること。
※33	トライ	挑戦する。
※34	半身	からだを斜めに向けること。また、その姿勢。
※35	BCリーグ	ベースボールチャレンジリーグと呼ばれる野球の日本の独立リーグ。

※36	足の接地位置	足が（地面や床に）降ろされる位置
※37	NBA	National Basketball Associationと言われる、北米で展開する男子プロバスケットボール リーグ。30チームの内29チームがアメリカ合衆国で1チームがカナダを本拠地としている。
※38	受け身	柔道などの格闘技で投げられて地面に激突する際に、身体的ダメージを軽減するために行われる防御の姿勢や動作。
※39	ワンツー	ボクシングで、左（右）で軽く打ち、続いて右（左）で強打する攻撃法。
※40	トラップ	サッカーで飛んできたボールを受け止めてコントロールし、次の動きを行いやすい位置にボールを移動させること。
※41	ドリブル	球技において、断続的かつ連続的にボールに身体の一部で触れながらボールを保持し移動すること。
※42	バイオメカニクス（生体力学）	生物を力学的に分析して運動機能を研究する学問。
※43	限界反復回数	それ以上繰り返すことが出来ない回数。
※44	セット数	数回反復して休憩をとると1セットが終了したことになるが、それを繰り返す回数。
※45	コート	テニスあるいは屋内スポーツが行われる場所。
※46	ピッチ	サッカー、ホッケー、クリケットなどの競技場のこと。
※47	関節可動域	関節が運動を行なう際の生理的な運動範囲。
※48	スプリントタイム	短距離を走るのにかかる時間。

※49	ピッチングの球速	野球のピッチングで投げたボールのスピード。
※50	股関節を稼働させるドリル	ハードルをまたいだりすることにより、股関節を稼働させる運動やトレーニング。
※51	ストライド	歩幅。
※52	基礎筋力	体をコントロールする為に最低限必要となる筋力。
※53	内角	野球のバッティングでピッチャーが投げたボールが体の近くを通過すること
※54	ダンクシュート	バスケットボールで、高く跳んでゴールの真上からボールをたたき込むようにシュートすること。
※55	感性が研ぎ澄まされる	感受性が人並み以上に強く敏感になる。
※56	感性が鋭くなる	感受性が人並み以上に強く敏感になる。
※57	軸足	サッカーでボールを蹴る時、地面について体を支える方（ボールを蹴らない方）の足。
※58	解剖学	生物の外部形態と内部構造を研究する学問。

第二部　才能の正体

※59	仙骨	脊椎の下部に位置する大きな三角形の骨で、骨盤の上方後部にあり、その上部は腰椎の最下部と結合している。(図5参照)
※60	骨盤	大腿骨と脊柱の間で体を支える、強固に一体化した一群の骨の解剖学的名称。(図5参照)
※61	椎骨	脊椎の分節をなす個々の骨。(図5参照)
※62	肩甲骨	背中の第2~8肋骨の高さにわたって存在する逆三角形の扁平な骨で、左右に1対ずつある。
※63	スタビライゼーショントレーニング	ボディバランスを向上させると言われるトレーニング。
※64	体幹	身体の頭部と四肢(左右の手足)を除く胴体部分。
※65	臓器	腹腔・胸腔にあるいろいろな器官。
※66	剛体	力の作用の下で変形しない物体。
※67	均衡	二つまたはそれ以上の物事の間で、力や重さなどの釣り合いがとれていること。バランス。
※68	質量	質量は物質の絶対的な量を表すもので、どんな状況下においても変わらない。
※69	出力	エネルギーを外部へ送り出すこと。
※70	肉離れ	筋肉の断裂障害。
※71	スピード筋力	筋肉が収縮を開始してから0.3秒以内に発揮することが出来る筋力 (筋肉が収縮を開始してから、出力が最大になるまでに0.9秒位かかる。)

※72	プライオメトリクス	筋肉を伸張させたあと、すぐに収縮させ、筋肉の爆発力（筋力とスピード）をアップさせることをめざすトレーニング。高いところから飛び下りて、着地後すぐにジャンプするデプスジャンプなどがある。
※73	ABA	American Basketball Associationの略称で、北米の男子バスケットボール独立リーグ。
※74	弧を描いている	丸い曲線の形になる。
※75	結合部分	接合部・接合部位・ジョイント・連結部・結び目・つなぎ目。
※76	屈曲されてしまいました	折れ曲がりました。
※77	整体的な骨格矯正	骨を直接触ることにより、骨格の歪みを治したり、骨格の形状を変えること。
※78	アレルギー症状	体の外から入ってきた細菌やウイルスを防いだり、体のなかにできたがん細胞を排除するのに不可欠な免疫反応が、花粉、ダニ、ほこり、食べ物などに対して過剰に起こること。
※79	自己免疫疾患	免疫の仕組みの一部が狂ってしまい、敵か味方か見分けがつかなくなり、自分自身の体に向かって攻撃をしかけてしまう病気。
※80	免疫	体内に侵入した有害な異物や細菌、ウイルスを自分の体にはないものだと認識して、その侵入者を攻撃して排除する防衛網。
※81	視床下部	間脳に位置し、自律機能の調節を行う総合中枢である。
※82	花粉症	スギやヒノキなどの植物の花粉が原因となって、くしゃみ・鼻水などのアレルギー症状を起こす病気。
※83	現代医学	治療が科学的な根拠に基づいて行われる医療。
※84	リウマチ	自己の免疫が主に手足の関節を侵し、これにより関節痛、関節の変形が生じる膠原病。

（著者のプロフィール）

相川　宗大（あいかわ　むねひろ）

1966 年　東京都出身
駒澤大学経済学部　卒業

　成功報酬制を採用し指導しているコーチとして、才能に恵まれない数多くのアスリートの競技能力を桁違いに向上させてきた。
　一般的な運動指導やトレーニング指導のように才能（生まれ持った能力）の範囲の中で選手の能力を向上させるのではなく、チューニングと呼ばれる独自の頭蓋骨調整法を開発し実施する事により、才能をはるかに超えた能力を選手に獲得させ、選手の資質自体を変えてしまう事を世界で初めて可能にした運動指導者。

著書：『運動会でびりだった人をワールドクラスのスプリンターにする本』『部活で補欠だった人をワールドクラス選手にする本』（発行元：井田総合研究所）
ＤＶＤ：倒すパンチ―重心移動によるリズムステップで相手をサンドバックにする―』（発売：クエスト）
http://www.k4.dion.ne.jp/~a2a2k2

「頑張って練習する」と競技能力は向上しない！

2016年9月10日　初版第1刷発行
著　者　　相川宗大
発行者　　井田真一
発行元　　有限会社井田総合研究所
　　　　　〒270-1166　千葉県我孫子市我孫子2-5-345
　　　　　TEL 04-7183-2217　FAX 04-7100-2383
発売元　　株式会社教育評論社
　　　　　〒103-0001　東京都中央区日本橋小伝馬町1番5号
　　　　　　　　　　　PMO日本橋江戸通5F
　　　　　TEL　03-3664-5851　FAX 03-3664-5816
装　丁　　DESIGN LABO C-PLUS
撮影協力　布施川謙介　鈴木善雅
印刷所　　有限会社ケイ・ツー社

本書の無断複写は著作権法上での例外を除き禁じられています。
また、私的目的以外のいかなる電子的複製行為も一切認められておりません。

ISBN 978 - 4 - 86624 - 004 - 6　C0075　　　©Munehiro Aikawa 2016 Printed in japan